LES DIACRES
QU'EN DIT LA BIBLE ?

LES
DIACRES

QU'EN DIT LA
BIBLE ?

ASSISTER LES ANCIENS ET
PRENDRE SOIN DE L'ÉGLISE

ALEXANDER STRAUCH

ÉDITIONS
IMPACT

Édition originale en anglais sous le titre :
Paul's Vision for the Deacons: Assisting the Elders with the Care of God's Church
© 2017 par Alexander Strauch. Tous droits réservés.
Publiée par Lewis and Roth Publishers, Inc.
Colorado, U.S.A.
Traduit et publié avec permission.

Pour l'édition française :
Les diacres, qu'en dit la Bible ? : assister les anciens et prendre soin de l'Église
© 2018 Publications Chrétiennes, Inc.
Publiée par Éditions Impact
230, rue Lupien, Trois-Rivières (Québec)
G8T 6W4 – Canada
Site Web : www.editionsimpact.org
Tous droits de traduction, de reproduction et d'adaptation réservés.

Traduction : Samuel Herrenschmidt
Révision : Catherine Côté
Relecture : Louise Denniss

ISBN : 978-2-89082-323-5

Dépôt légal – 3ᵉ trimestre 2018
Bibliothèque et Archives nationales du Québec
Bibliothèque et Archives Canada

« Éditions Impact » est une marque déposée de Publications Chrétiennes, Inc.

TABLE DES MATIÈRES

QUE FONT LES DIACRES ?

Les opinions concernant le rôle des diacres dans l'Église semblent innombrables. Au fil des ans, j'ai posé la question suivante à de nombreuses personnes : « Que font les diacres ? » J'ai reçu un large éventail de réponses. C'est assez déconcertant !

Par exemple, un jour où j'approchais d'une église que j'allais visiter, j'ai été accueilli par un homme sympathique qui taillait des buissons et tondait la pelouse. Après une chaleureuse salutation chrétienne, il m'a dit spontanément qu'il était diacre. C'était visiblement un homme bon et fier de servir son Église, alors je lui ai demandé : « Que font les diacres ? »

« Les diacres, m'a-t-il répondu, entretiennent les locaux de l'Église. Ils s'assurent que le bâtiment et le terrain soient présentables au public. »

Alors que je déjeunais avec un ami de longue date récemment devenu diacre, je lui ai demandé : « Que font les diacres ? »

Il m'a répondu : « Ils sont le conseil d'administration de l'Église. Rien ne se passe dans l'Église sans le consentement des diacres. »

Une autre fois, on me présenta à un homme qui se disait diacre. Je lui ai demandé : « Que font les diacres ? »

Il m'a dit : « Les diacres dirigent les équipes responsables des ministères de l'Église. Je suis responsable de l'équipe qui s'occupe de l'audiovisuel dans l'église. D'autres sont chargés du ministère des petits groupes, du comité d'évangélisation ou de l'équipe d'entretien du bâtiment.»

Puis j'ai demandé à un érudit de la Bible : « Que font les diacres ? »

« Les diacres peuvent enseigner, prêcher, faire de la relation d'aide, évangéliser, gérer les programmes de l'Église et venir en aide aux personnes dans le besoin. Ils sont les modèles du serviteur-dirigeant.»

Les réponses à ma question concernant les responsabilités et les tâches des diacres ont décrit, en plus de celles déjà mentionnées, des tâches allant de l'agencement des fleurs au partage des responsabilités pastorales, en passant par la direction de groupes d'action politique, la distribution de nourriture aux sans-abris, l'organisation de la sainte cène, la distribution du bulletin hebdomadaire de l'Église et l'aide aux plus démunis. Même que dans quelques Églises, toute personne au service de l'Église, quelle que soit sa tâche, est considérée comme étant diacre, puisque le mot *diacre* (en grec, *diakonos*) signifie *serviteur*. Je suppose que ce point de vue explique la réponse la plus amusante que j'ai reçue à ma question concernant ce que font les diacres : « Je suis le diacre du café.» Dans de tels cas, le titre de « diacre » est quasiment dénué de sens.

Parmi les chrétiens évangéliques fidèles à la Bible, il existe des positions radicalement différentes concernant le rôle des diacres. Certaines Églises n'ont même pas de diacres, parce qu'elles n'en voient pas l'utilité. Parmi celles qui en ont, j'ai remarqué que des Églises d'une même ville et appartenant à la même dénomination pouvaient avoir des opinions diamétralement opposées. Dans une Église par exemple, les diacres constituent *le* conseil d'administration de l'Église. Alors que de l'autre côté de la ville, dans une autre Église, ils forment l'équipe d'entretien du bâtiment.

Mon but, en écrivant ce livre, est d'encourager mes chers amis diacres et les personnes engagées, comme moi, dans la direction d'Église, à examiner de façon plus approfondie ce qu'ils disent et ce qu'ils font à la lumière de ce que l'Écriture enseigne réellement (ou n'enseigne pas) au sujet des diacres. Malheureusement, bien que la plupart des ouvrages que j'ai lus sur le sujet affirment s'appuyer sur l'autorité biblique, ils ne fournissent pratiquement jamais de preuves bibliques ou exégétiques pour étayer leurs affirmations.

Quel que soit votre point de vue, je vous exhorte à étudier en détail les faits bibliques concernant les diacres et à laisser ces faits conduire votre réflexion. Cette approche offre la possibilité d'établir un plus large consensus autour du rôle des diacres au sein des Églises fidèles à l'Écriture.

LE DÉFI DES BÉRÉENS

Quand Paul, le grand missionnaire auprès des païens, arrivait dans une nouvelle ville, il avait l'habitude de se rendre d'abord à la synagogue locale pour présenter à ses compatriotes juifs la bonne nouvelle de Jésus, le Messie, telle que révélée dans les écrits de l'Ancien Testament. Au cours de son second voyage missionnaire, il séjourna dans la ville de Bérée en Macédoine (dans le nord de la Grèce actuelle), où il rencontra un groupe remarquable. Quand les juifs de Bérée entendirent pour la première fois Paul annoncer que Jésus était le Messie tant attendu, ils *reçurent avec beaucoup d'empressement* la Bonne Nouvelle. Mais ils *vérifièrent* également son message :

« Ils reçurent la parole avec beaucoup d'empressement, et ils examinaient chaque jour les Écritures, pour voir si ce qu'on leur disait était exact. Plusieurs d'entre eux crurent [...] » (Ac 17.11,12.)

Les juifs de Bérée croyaient que les écrits de l'Ancien Testament étaient la Parole de Dieu, et qu'ils faisaient par conséquent autorité. C'est pour cette raison qu'ils examinèrent d'un œil critique le message du grand apôtre Paul pour s'assurer qu'il était conforme au message de Dieu révélé dans les Saintes Écritures. Ils veillaient à ne pas être induits en erreur, même par quelqu'un d'aussi éminent que Paul.

Les Béréens étudiaient la Bible très sérieusement. Ils savaient que les Écritures, en raison de la façon dont elles avaient été rédigées, nécessitaient une recherche et une étude assidues ; ils les examinaient donc quotidiennement. En outre, ils ne se comportaient pas comme des traditionalistes aveugles, fermés à toute nouvelle perspective biblique. Ils étaient disposés à changer d'avis s'ils étaient convaincus par un examen approfondi des Écritures. Si je fais mention de l'attitude et du zèle des Béréens, c'est parce que la nature de cette étude biblique sur les diacres exige que nous agissions comme ils l'ont fait. Nous devons nous efforcer de comprendre et d'assimiler les arguments scripturaires présentés. Si nous abordons cette étude sur les diacres avec les dispositions et la diligence des Béréens, elle sera enrichissante, même si nous ne parvenons pas à nous mettre d'accord sur tous les détails.

Nous devons aussi nous comporter comme les Béréens pour une autre raison. Il ne suffit pas d'étudier les Écritures et de découvrir la vérité. Nous devons, par la grâce de Dieu, évaluer nos propres traditions et opinions, puis s'il y a lieu, faire les changements appropriés. Je sais, pour l'avoir vécu, que changer une tradition ecclésiale qui nous est chère est difficile, surtout si elle est établie depuis longtemps ; or, cette étude remettra en cause certaines opinions fermement établies. Voilà pourquoi nous devons adopter l'attitude des Béréens. Nous devons être prêts à réévaluer nos traditions les plus chères à la lumière de la Parole de Dieu et à opérer les changements appropriés avec sagesse et courage.

PREMIÈRE PARTIE

Quels sont les fondements bibliques concernant les diacres ?

Paul et Timothée, serviteurs de Jésus-Christ, à tous les saints en Jésus-Christ qui sont à Philippes, aux évêques et aux diacres.

Philippiens 1.1

Les diacres [*diakonoi*] aussi doivent être honnêtes, éloignés de la duplicité, des excès du vin, d'un gain sordide, conservant le mystère de la foi dans une conscience pure. Qu'on les éprouve d'abord, et qu'ils exercent [forme verbale, *diakoneō*] ensuite leur ministère, s'ils sont sans reproche. Les femmes, de même, doivent être honnêtes, non médisantes, sobres, fidèles en toutes choses. Les diacres [*diakonoi*] doivent être maris d'une seule femme, et bien diriger leurs enfants et leur propre maison ; car ceux qui remplissent convenablement leur ministère [forme verbale, *diakoneō*] s'acquièrent un rang honorable, et une grande assurance dans la foi en Jésus-Christ.

1 Timothée 3.8-13

CHAPITRE 1

LES DIRECTIVES DE PAUL CONCERNANT LES DIACRES

Une femme, préoccupée par le fait qu'un de ses amis ne fréquentait plus l'église depuis un bon moment, demanda à son pasteur s'il voulait bien l'appeler. Elle lui précisa : « Si vous lui proposiez d'être diacre, peut-être qu'il reviendrait à l'église et qu'il s'y impliquerait. » Bien que les intentions de cette dame inquiète aient été honorables, sa demande manifestait un manque de compréhension des exigences bibliques pour être diacre, et de l'importance que la Bible accorde à leur fonction et à leur rôle dans l'Église.

Malheureusement, son manque de connaissance concernant les diacres n'est pas rare. Sa requête prouve que beaucoup de personnes ont une piètre opinion des diacres. Toutefois, comme nous le verrons bientôt, il doit y avoir quelque chose de très important dans le ministère des diacres qui nécessite à la fois des qualités spécifiques proches de celles des anciens ainsi que la validation de ces qualités par l'Église et ses dirigeants. Tout le monde ne peut pas devenir diacre, et le diaconat n'est pas censé être un moyen d'amener les gens à s'impliquer dans la vie de l'Église.

Si nous voulons savoir quelles sont les responsabilités des diacres et qui remplit les conditions pour être diacre, nous devons considérer ce que dit l'Écriture. Mais avant de commencer, nous devons examiner qui est l'apôtre Paul et pourquoi il a écrit la première lettre à Timothée. Ce contexte est indispensable, car Paul est le seul auteur du Nouveau Testament à mentionner les diacres, et ses directives en ce qui les concerne se trouvent uniquement dans la première épître à Timothée.

PAUL, APÔTRE DE JÉSUS-CHRIST

Paul a été choisi directement par Jésus-Christ pour être un *apôtre* (en grec, *apostolos*), ce qui signifie qu'il était un messager spécial agréé, un émissaire, un ambassadeur envoyé par Jésus-Christ. Il n'était pas simplement un missionnaire, un conseiller en croissance d'Église ou un brillant intellectuel – bien qu'il ait été les trois. L'apôtre Paul était l'ambassadeur particulier du Christ, envoyé pour définir, défendre et proclamer l'Évangile auprès des nations païennes[1].

À ce titre, il a joué un rôle unique dans l'établissement de la foi chrétienne.

En fait, l'un des événements les plus importants à l'aube du christianisme fut l'apparition du Christ au jeune et zélé rabbin Saul sur la route de Damas, qui conduisit à la conversion radicale de ce dernier à la foi en Jésus-Christ comme Messie. Peu après cette rencontre, Jésus désigna Saul (qui prendra par la suite le nom de Paul) comme «un instrument que j'ai choisi, pour porter

---

1. Ac 9.15-17 ; 20.24 ; 22.14,15 ; 26.15-18 ; Ro 1.5 ; 11.13 ; 15.15-18 ; 16.25,26 ; 1 Co 9.1,2 ; 11.23 ; 15.3-11 ; 2 Co 12.12 ; Ga 1.1,11,16 ; 2.7,8 ; Ép 3.1-13 ; 6.19,20 ; Ph 1.16 ; Col 1.25-27 ; 2 Th 2.15 ; 3.6,14 ; 1 Ti 1.11 ; 2.7 ; 2 Ti 1.11,13 ; 4.17 ; Tit 1.3.

mon nom devant les nations, devant les rois, et devant les fils d'Israël» (Ac 9.15). En tant qu'ambassadeur du Christ (2 Co 5.20), l'apôtre Paul vécut une vie centrée sur l'Évangile de Jésus-Christ, afin que d'autres puissent l'imiter.

Par conséquent, Paul n'a pas inventé le message de l'Évangile. Il l'a reçu par révélation directe du Seigneur Jésus-Christ ressuscité. L'Évangile de Paul est donc l'Évangile de Jésus-Christ. Ce que Paul enseigne est ce que le Christ enseigne. Ce que Paul ordonne est ce que le Christ ordonne. L'autorité de Paul pour donner des instructions écrites aux Églises lui est donnée par Jésus-Christ. En tant qu'«ambassadeur mandaté par les cieux[2]», Paul a dispensé un enseignement faisant autorité sur le comportement et la vie dans l'Église locale[3]. Avec Luc, son proche collaborateur, Paul a écrit un peu plus de la moitié du Nouveau Testament. Il est le maître d'œuvre d'une grande partie du vocabulaire et des concepts théologiques ayant trait à l'Évangile et à l'Église, comme le montrent les deux épîtres magistrales qu'il a écrites aux Romains et aux Éphésiens. Il a également fourni des instructions précises à propos des anciens et des diacres. Commençons donc notre étude en examinant la crise urgente dans l'Église d'Éphèse (en Turquie actuelle) qui a poussé Paul à écrire la première lettre à Timothée.

PAUL ET LA PREMIÈRE ÉPÎTRE À TIMOTHÉE : UNE RÉPONSE À LA CRISE DANS L'ÉGLISE ET SA DIRECTION

Notre étude sur les diacres se focalisera principalement sur la première lettre de Paul à Timothée, que Paul entame en déclarant

---

2. Patrick Fairbairn, *Pastoral Epistles* [1874], réimpr., Minneapolis, James & Klock, 1976, p. 70, trad. libre.
3. 1 Co 4.14-17 ; 7.17 ; 11.16,23,34 ; 14.36-38 ; 15.3 ; 16.1.

qu'il est «apôtre de Jésus-Christ». Il précise également qu'il est apôtre «par ordre de Dieu»:

> Paul, apôtre de Jésus-Christ, par ordre de Dieu notre Sauveur et de Jésus-Christ notre espérance, à Timothée, mon enfant légitime en la foi (1 Ti 1.1,2).

Un commentateur biblique dépeint de façon succincte la grandeur de l'autorité dont est empreinte la déclaration liminaire de Paul dans la première épître à Timothée:

> Il convenait donc [que Timothée] ressente qu'une exigence s'imposait à lui; que la voix qui s'adresse à lui n'est pas simplement celle d'un précepteur révéré ou d'un père spirituel, mais celle d'un ambassadeur mandaté par les cieux et ayant le droit de proclamer la volonté divine et diriger avec autorité dans l'Église chrétienne[4].

Cette puissante déclaration était nécessaire, car cinq à sept années s'étaient écoulées depuis la rencontre où Paul avait fait ses adieux aux anciens d'Éphèse (Ac 20.17-38). Malheureusement, entre les années 57 et 64 de notre ère, les anciens d'Éphèse n'étaient pas parvenus à protéger l'Église des faux docteurs. C'était un échec particulièrement alarmant puisque l'Église locale doit être «la colonne et l'appui de la vérité» (1 Ti 3.15), cette vérité étant le message glorieux de la bonne nouvelle du salut en Jésus-Christ (1 Ti 1.11). Au lieu de cela, des doctrines hérétiques s'étaient largement répandues dans l'Église et avaient eu des effets néfastes sur chaque aspect de la vie de l'Église. Ces nouveaux enseignements avaient engendré des luttes et des débats au sein du peuple, un manque de prière, un comportement inapproprié d'un grand nombre de personnes les unes

---

4. Fairbairn, *Pastoral Epistles*, p. 70, trad. libre.

envers les autres, de la négligence à l'égard des veuves indigentes et des difficultés dans le cadre de la direction de l'Église. Paul a même dû excommunier deux des meneurs de l'hérésie, Hyménée et Alexandre (1 Ti 1.20). Dans ce contexte, il n'est pas étonnant qu'un fort sentiment d'urgence et d'émotion émane de la lettre de Paul à Timothée. Son Église bien-aimée se trouvait sous l'emprise mortelle de faux docteurs!

Comme le formule un éminent commentateur biblique:

> L'Église à laquelle Paul s'adresse avait été mise en pièce par les faux docteurs, et une grande partie de cette lettre s'efforce de la remettre en état[5].

Une des causes probables du désordre à Éphèse était l'accession, pendant l'absence de Paul, de personnes incompétentes et inaptes aux fonctions d'ancien et de diacre[6].

La stratégie de Paul pour «remettre en état» l'Église consistait donc en premier lieu à *insister pour que les anciens et les diacres de l'Église soient adéquatement qualifiés, et que leurs qualités soit évaluée avant qu'ils entrent en fonction.* Dans 1 Timothée 3.1-13, Paul définit les exigences scripturaires pour les évêques (ou anciens[7]) et les diacres, en insistant sur le fait que leur aptitude au ministère soit évaluée par l'assemblée et ses responsables.

---

5. Philip H. Towner, *1-2 Timothy & Titus*, IVPNTCS, Downers Grove, Ill., InterVarsity, 1994, p. 123, trad. libre.
6. 1 Ti 1.19,20; 5.19-25.
7. N.D.T.: Le rôle d'évêque (ou de surveillant) revient aux anciens. «Évêque» ou «surveillant» (en grec, *episkopos*) souligne le rôle, tandis qu'«ancien» souligne la maturité. Voir «Les anciens comme évêques», au chapitre 2.

INFORMATIONS PRÉCISES FOURNIES DANS L'ÉCRITURE

Pour préparer notre étude, nous devons revoir les informations bibliques sur les diacres et clarifier les questions auxquelles nous sommes tous confrontés quand nous voulons identifier les diacres du Nouveau Testament.

1. Les diacres sont mentionnés pour la première fois dans les salutations de Paul à l'Église de Philippes.

Les diacres sont apparus rapidement dans l'histoire du mouvement chrétien, pas plus tard qu'au milieu des années 50. Le repère pour l'établissement de cette date précoce est la mort, la résurrection et l'ascension du Christ, qui ont eu lieu en l'an 30 ou 33 de notre ère. C'est dans la lettre de Paul à l'Église de Philippes (en Grèce actuelle) que l'on trouve la première mention des diacres. Ils apparaissent aux côtés des anciens, et sont désignés à la forme plurielle :

> Paul et Timothée, serviteurs de Jésus-Christ, à tous les saints en Jésus-Christ qui sont à Philippes, aux évêques et aux diacres (Ph 1.1).

Comme à son habitude quand il écrit à une Église locale, Paul s'adresse à toute la communauté et non uniquement à ses responsables. Il utilise ici une de ses appellations favorites pour tous les chrétiens : «les saints». Par ce terme de la plus haute importance, il veut dire «le peuple saint de Dieu», un peuple mis à part pour les desseins de Dieu, et qui se tient à l'écart de la philosophie et du mode de vie immoral du monde.

Mais cette lettre est la seule dans laquelle il ajoute «aux évêques et aux diacres». Ces responsables sont nommés *avec les saints*. Ils font partie intégrante de la communauté des croyants.

En dehors de cette mention particulière, les évêques et les diacres ne sont plus évoqués dans cette lettre, du moins pas sous cette appellation. Il est de la responsabilité de l'Église entière, de concert avec les évêques et les diacres, de mettre en pratique les instructions de Paul et de résoudre le problème croissant du conflit au sein de l'Église. Comme les termes eux-mêmes l'indiquent, les évêques et les diacres auraient comme principale responsabilité d'apporter la supervision nécessaire à la communauté pour appliquer les directives de Paul.

2. Les diacres sont encadrés par les directives de Paul en 1 Timothée 3.8-13.

Les Églises d'Éphèse et de Philippes ont été fondées, instruites et organisées par Paul. La plupart des informations au sujet des diacres proviennent d'une seule source : les instructions de Paul à Timothée et à l'Église d'Éphèse, écrites entre les années 63 et 65 de notre ère. C'est pourquoi notre étude se concentrera sur 1 Timothée 3.8-13.

3. Les diacres sont toujours cités après les évêques.

Que ce soit dans Philippiens 1.1 ou dans 1 Timothée 3.1-13, les diacres sont associés avec les anciens. Quand ils sont désignés ensemble, les diacres suivent toujours les anciens dans l'ordre d'apparition, ce qui laisse à penser que les diacres travaillent sous la supervision des anciens de l'Église. Plus important encore, les termes «anciens» (en grec, *episkopoi*) et «diacres» (en grec, *diakonoi*) indiquent que les diacres sont soumis aux anciens. Le terme grec «ancien» désigne un superviseur, un gérant ou un tuteur. Le terme grec «diacre» peut signifier serviteur, messager délégué ou représentant d'un supérieur.

Ainsi, les anciens n'ont pas besoin des diacres pour exercer leur fonction de dirigeants de l'Église locale. Les *episkopoi* peuvent être autonomes, alors que les diacres doivent être en relation avec une personne ou un groupe de personnes qui leur donne une direction : « La nature même des termes indique que les *episkopoi* peuvent agir sans les *diakonoi*, mais que les *diakonoi* ne peuvent pas agir sans administrateur tel qu'un *episkopos* pour les mandater[8]. » Les anciens ne sont pas subordonnés aux serviteurs ou aux assistants, mais les diacres sont subordonnés aux anciens.

4. Les diacres doivent manifester des qualités spécifiques.

Dans 1 Timothée 3.8-12, Paul précise quelles sont les qualités requises pour être diacre. Un grand nombre des exigences mentionnées pour les diacres sont semblables, voire identiques aux exigences énumérées pour les anciens :

- être connu comme conservant le mystère de la foi dans une conscience pure ;
- être mis à l'épreuve d'abord, et reconnu sans reproche ;
- être honnête ;
- se tenir éloigné de la duplicité ;
- ne pas être avide d'un gain sordide ;
- ne pas s'adonner aux excès de vin ;
- être le mari d'une seule femme ;
- avoir une femme fidèle en toutes choses ;
- être capable de bien diriger ses enfants et sa propre maison.

Il est important de se rendre compte que Paul accorde autant d'attention à l'éligibilité des diacres qu'aux aptitudes des anciens.

---

8. John N. Collins, *Deacons and the Church*, Harrisburg, Penns., Morehouse, 2002, p. 92.

Il ne fournit cependant aucune liste spécifique de responsabilités en ce qui concerne la nature de la fonction des diacres.

5. Les diacres n'ont pas l'obligation d'enseigner.

Contrairement aux anciens qui doivent être «propre*[s]* à l'enseignement» (1 Ti 3.2), et «capable*[s]* d'exhorter selon la saine doctrine et de réfuter les contradicteurs» (Tit 1.9), Paul n'exige pas des diacres qu'ils soient «propre*[s]* à l'enseignement». Le fait que de telles aptitudes ne soient pas requises des diacres est très important pour notre étude.

6. Les diacres doivent être évalués et approuvés par l'Église et ses dirigeants.

Les candidats au diaconat doivent être évalués pour voir s'ils possèdent les qualités requises :

> Qu'on les éprouve d'abord, et qu'ils exercent ensuite leur ministère, s'ils sont sans reproche (1 Ti 3.10).

Le processus de sélection, d'évaluation et d'admission des candidats au diaconat demande du temps et des efforts, au même titre que pour les candidats à la fonction d'ancien. Paul insiste pour que l'Église et ses dirigeants évaluent attentivement ceux qu'ils nomment comme diacres.

Les qualités attendues des diacres et la nécessité d'une évaluation publique ne se justifient que si les diacres occupent une fonction officielle impliquant la confiance publique, ou s'ils exercent un ministère spécialisé pour lequel seules certaines personnes sont qualifiées. Il doit donc y avoir quelque chose d'essentiel dans le ministère des diacres qui nécessite à la fois des qualités spécifiques semblables à celles des anciens, ainsi que la vérification de ces qualités par l'Église et ses dirigeants.

7. Les diacres sont titulaires d'une fonction ecclésiastique comme les anciens.

Nous savons que les diacres sont titulaires d'une fonction officielle dans l'Église en raison des faits suivants :

- Les diacres sont mentionnés dans le contexte des instructions relatives aux responsables de l'Église locale, et non dans les passages où il est question des dons spirituels[9].
- Les diacres apparaissent conjointement avec les anciens de l'Église, qui sont manifestement titulaires d'une fonction ecclésiastique.
- Des qualités précises sont décrites comme prérequis pour être sélectionné comme diacre (1 Ti 3.8-12).
- Les diacres doivent être éprouvés et déclarés par d'autres comme étant sans reproche selon des critères bibliques (1 Ti 3.10).
- Le terme *diakonoi* est utilisé dans 1 Timothée 3 et Philippiens 1 comme titre officiel, tout comme le titre *ancien* désigne certains responsables reconnus dans l'Église.
- Le diaconat a été reconnu, depuis le premier siècle jusqu'à aujourd'hui, comme une fonction permanente dans l'Église locale.

8. Le mot « diacres » est au pluriel.

Paul utilise la forme plurielle « diacres » et non le singulier « diacre », dans Philippiens 1.1 et 1 Timothée 3.8,12. Cela

---

9. Ro 12.4-8 ; 1 Co 12.1-31 ; 14.1-40 ; Ép 4.7-16 ; 1 Pi 4.10,11.

sous-entend qu'il fallait plus d'un diacre dans ces Églises, et qu'assurément, la présence de plus d'un diacre par Église était autorisée. Cela peut également indiquer qu'à certains moments, les diacres forment un collectif au même titre que les anciens.

9. Les femmes des diacres (ou les diaconesses) doivent répondre aux critères de qualification spécifiques.

Dans le cadre de ses directives, Paul exige que les femmes des diacres manifestent certains traits de caractère :

> Les femmes, de même, doivent être honnêtes, non médisantes, sobres, fidèles en toutes choses (1 Ti 3.11).

Nombre d'érudits, cependant, pensent que Paul ne fait pas référence aux épouses des diacres, mais à des femmes diacres (égales aux hommes diacres), à des diaconesses (un groupe à part des hommes diacres) ou à des assistantes (qui assistent les diacres et les femmes de l'Église). Néanmoins, quelle que soit l'opinion exacte que l'on énonce au sujet des femmes dans 1 Timothée 3.11, cela n'affecte pas, en définitive, la conclusion de notre étude sur ce que font les diacres. Nous examinerons plus en détail la question des femmes diacres ou des diaconesses dans le chapitre 7 et l'appendice.

10. Les diacres peuvent gagner le profond respect de l'Église et voir leur foi en Christ s'approfondir.

Paul dit que les diacres qui remplissent bien leur ministère obtiendront une situation honorable et influente aux yeux des gens. Ils verront aussi leur foi en Christ croître et s'approfondir considérablement et gagner une pleine assurance :

Car ceux qui remplissent bien leur ministère acquièrent une situation respectée et une grande assurance dans la foi en Jésus-Christ (1 Ti 3.13).

En promettant de telles récompenses, Paul accorde un soutien particulier au rôle des diacres dans l'Église.

11. Les diacres sont appelés *diakonoi* en grec.

Le mot « diacre » est la transcription du mot grec *diakonos*. La *Bible Segond Nouvelle Édition de Genève 1979* ne traduit que trois des vingt et une occurrences de *diakonos* dans les lettres de Paul par le mot « diacres » (Ph 1.1 ; 1 Ti 3.8,12). Chaque fois que *diakonos* apparaît à d'autres endroits dans le Nouveau Testament grec, la NEG le traduit soit par serviteur (5 fois[10]), soit par ministre (13 fois[11]).

Une des questions les plus cruciales dans notre étude sur les diacres est celle-ci : comment Paul utilise-t-il le terme grec *diakonos* dans les deux passages clés ? Le mot *diakonos* est-il utilisé comme métaphore pour désigner les responsables d'Église affectés au service des tables, ou bien désigne-t-il un messager mandaté, ou encore un assistant ? Nous aborderons cette question dans le chapitre 3.

Paul ne nous dit pas tout

Après avoir examiné les informations du Nouveau Testament concernant les diacres, il nous reste à déterminer qui étaient les diacres, pourquoi et comment ils sont apparus, et quelles étaient leurs fonctions. Le problème est que Paul ne stipule pas expressément qui étaient les diacres et ce qu'ils faisaient. Il ne fait

---

10. Ro 13.4 (deux fois); 15.8; 16.1; 1 Co 3.5; 2 Co 6.4; 11.15 (deux fois), 23; Ga 2.17; 1 Ti 4.6.
11. 2 Co 3.6; Ép 3.7; 6.21; Col 1.7,23,25; 4.7.

Le groupe de mots basé sur la racine *Diakon-*

Diakonos se prononce di-a-ko-nos.

La forme plurielle de *diakonos* est *diakonoi*, dont le *oi* final se prononce comme dans boycottage.

La forme verbale de *diakonos* est *diakoneō*, et se prononce di-a-ko-nè-o.

Le nom abstrait est *diakonia*, et se prononce di-a-ko-ni-a.

Dans le cadre de cette étude, il est important de savoir prononcer ces mots grecs et de pouvoir distinguer entre la forme verbale, *diakoneō*, et les deux noms *diakonia* et *diakonos*.

Le grec est une langue flexionnelle qui modifie la forme d'un mot en fonction de la façon dont il est utilisé par l'auteur. Pour des questions de simplicité et d'uniformité, et sauf indication contraire, nous utiliserons la forme canonique de chaque mot.

qu'énoncer les qualités requises, la nécessité d'évaluer leur éligibilité à la fonction, ainsi que les récompenses qui leur sont promises.

Il faut reconnaître que ce manque d'informations précises est frustrant, et qu'il est responsable de la grande diversité d'opinions défendues aujourd'hui par les érudits de la Bible et les Églises. Certains spécialistes suggèrent même que les «données sont insuffisantes pour déterminer» le rôle des diacres[12].

---

12. C. F. D. Moule, «Deacons in the New Testament» [Les diacres dans le Nouveau Testament], trad. libre, *Theology* 58, 1955, p. 405-407.

Toutefois, le fait que Paul n'explicite pas plus clairement le rôle des diacres ne rend pas vaine pour autant la recherche sur ce sujet. Cela signifie simplement que nous devons tout d'abord avoir une compréhension claire du rôle des anciens de l'Église, auxquels les diacres sont étroitement associés. Nous serons alors prêts à scruter le terme *diakonos* et son contexte clé, le passage de 1 Timothée 3.1-13.

POINTS CLÉS À RETENIR

1. Les trois mots grecs fondamentaux pour cette étude sont : *diakonos* (le nom), *diakoneō* (le verbe) et *diakonia* (le nom abstrait).

2. Les diacres sont les titulaires qualifiés d'une fonction dans l'Église, tout comme les anciens.

3. Les diacres doivent être évalués et approuvés par l'Église et ses dirigeants.

4. Le défi qui se présente à nous est que Paul ne mentionne pas expressément qui sont les diacres ou ce qu'ils font.

DEUXIÈME PARTIE

ÉVÊQUES ET DIACRES

[Anciens,] prenez donc garde à vous-mêmes, et à tout le troupeau sur lequel le Saint-Esprit vous a établis évêques, pour paître l'Église de Dieu, qu'il s'est acquise par son propre sang.

ACTES 20.28

Cette parole est certaine : si quelqu'un aspire à la charge d'évêque, il désire une œuvre excellente. Il faut donc que l'évêque soit irréprochable, mari d'une seule femme, sobre, modéré, réglé dans sa conduite, hospitalier, propre à l'enseignement. Il faut qu'il ne soit ni adonné au vin, ni violent, mais indulgent, pacifique, désintéressé. Il faut qu'il dirige bien sa propre maison, et qu'il tienne ses enfants dans la soumission et dans une parfaite honnêteté ; car si quelqu'un ne sait pas diriger sa propre maison, comment prendra-t-il soin de l'Église de Dieu ? Il ne faut pas qu'il soit un nouveau converti, de peur qu'enflé d'orgueil il ne tombe sous le jugement du diable. Il faut aussi qu'il reçoive un bon témoignage de ceux du dehors, afin de ne pas tomber dans l'opprobre et dans les pièges du diable.

1 TIMOTHÉE 3.1-7

Je t'ai laissé en Crète, afin que tu mettes en ordre ce qui reste à régler, et que, selon mes instructions, tu établisses des anciens dans chaque ville, s'il s'y trouve quelque homme irréprochable, mari d'une seule femme, ayant des enfants fidèles, qui ne soient ni accusés de débauche ni rebelles. Car il faut que l'évêque soit irréprochable, comme économe de Dieu ; qu'il ne soit ni arrogant, ni colérique, ni adonné au vin, ni violent, ni porté à un gain honteux ; mais qu'il soit hospitalier, ami des gens de bien, modéré, juste, saint, tempérant, attaché à la vraie parole telle qu'elle a été enseignée, afin d'être capable d'exhorter selon la saine doctrine et de réfuter les contradicteurs.

TITE 1.5-9

CHAPITRE 2

LES DIRIGEANTS D'ÉGLISE : LES ANCIENS

Il peut sembler étrange d'inclure un chapitre sur les anciens dans un livre sur les diacres, mais pour comprendre ce que sont les diacres, nous devons d'abord identifier précisément dans le Nouveau Testament qui sont les anciens, à qui les diacres sont toujours associés. En fait, la position et le rôle des anciens nous offrent une clé essentielle pour comprendre qui sont les diacres et ce qu'ils font.

Reconnaître le rôle des anciens dans le Nouveau Testament est particulièrement important, car dans de nombreuses Églises aujourd'hui, les diacres constituent *le* conseil d'administration de l'Église. Dans ces circonstances, les diacres opèrent quasiment comme des anciens. Quand les diacres agissent comme anciens et les anciens comme diacres, l'Église se retrouve sans anciens ni diacres au sens biblique des termes.

Les chrétiens de Bérée ne toléreraient pas une telle confusion[1]. Nous devons nous aussi sonder les Écritures, comme ils

---

1. « Ces Juifs avaient des sentiments plus nobles que ceux de Thessalonique ; ils reçurent la parole avec beaucoup d'empressement, et ils examinaient chaque jour les Écritures, pour voir si ce qu'on leur disait était exact » (Ac 17.11).

l'auraient fait, et persévérer jusqu'à ce que nous parvenions à des réponses bibliques, données par Dieu, en ce qui concerne l'identité des anciens et des diacres et la nature des tâches que Dieu leur a affectées. Mon intention dans ce livre est de lever une partie de la confusion et de rectifier les fausses affirmations qui sont faites au sujet des diacres en examinant fidèlement les textes de l'Écriture.

Nous établirons donc les fondements de notre étude par une vue d'ensemble de l'enseignement précis du Nouveau Testament au sujet des anciens de l'Église.

LES DIRIGEANTS BIBLIQUES
SONT LES ANCIENS

Le mot grec pour dirigeant d'Église (ou ancien) est *episkopos*, qui était un titre bien connu et couramment utilisé pour désigner différents types de fonctions officielles. Le terme renvoie à la notion de superviseur ou de gardien officiel. Paul utilise à plusieurs reprises *episkopos* (ancien) pour décrire les responsables d'une Église locale :

> Paul et Timothée, serviteurs de Jésus-Christ, à tous les saints en Jésus-Christ qui sont à Philippes, aux évêques [*pluriel*] et aux diacres (Ph 1.1).

> [*Anciens,*] prenez donc garde à vous-mêmes, et à tout le troupeau sur lequel le Saint-Esprit vous a établis évêques [*pluriel*], pour paître l'Église de Dieu, qu'il s'est acquise par son propre sang (Ac 20.28).

> Je t'ai laissé en Crète, afin que [...], selon mes instructions, tu établisses des anciens [*pluriel*] dans chaque ville, s'il s'y trouve quelque homme irréprochable [*singulier*], mari d'une seule femme, ayant des enfants fidèles, qui ne soient ni accusés de

débauche ni rebelles. Car il faut que l'évêque [*singulier*] soit irréprochable (Tit 1.5-7).

Paul utilise également le nom associé *episkopē* pour décrire l'œuvre ou la fonction d'un évêque :

> Cette parole est certaine : si quelqu'un [*singulier*] aspire à la charge d'évêque [*episkopē*, fonction épiscopale], il désire une œuvre excellente. Il faut donc que l'évêque [*singulier*] soit irréprochable (1 Ti 3.1,2).

L'apôtre Pierre utilise la forme verbale du mot *ancien*, *episkopeō*, pour décrire le rôle des anciens :

> J'exhorte les anciens qui sont parmi vous, [...] paissez le troupeau de Dieu qui est avec vous, le surveillant [*episkopountes*] (1 Pi 5.1,2 ; *Darby*).

Les anciens comme évêques

Dans sa dernière réunion en tête à tête avec les anciens d'Éphèse, Paul leur rappelle que le Saint-Esprit lui-même les a établis comme «évêques» dans l'assemblée, pour paître le peuple que Dieu s'est acquis par son sang :

> Cependant, de Milet, Paul envoya chercher à Éphèse les anciens de l'Église [*presbyteroi*]. Lorsqu'ils furent arrivés vers lui, il leur dit : [...] Prenez [*vous, anciens*] donc garde à vous-mêmes, et à tout le troupeau sur lequel le Saint-Esprit vous a établis évêques, pour paître l'Église de Dieu, qu'il s'est acquise par son propre sang (Ac 20.17,18,28).

Paul utilise le mot grec *presbyteros* (prononcer *presbuteros*) pour les *anciens*. Dans les passages bibliques ci-dessus, Paul

associe le terme *évêque* avec les anciens et avec l'action de faire
paître et de protéger «l'Église de Dieu». Il est donc évident que
les termes *évêque* et *ancien* font référence au même groupe de
responsables, et Paul utilise les deux termes de façon interchangeable. Ainsi, tout passage qui a trait aux évêques peut s'appliquer
à tout autre concernant les anciens, et inversement. En conséquence, toutes les fonctions assignées aux anciens le sont aussi
aux évêques, et vice versa (par exemple, les *évêques* dans 1 Ti 3.1-7
et les *anciens* dans 1 Ti 5.17-25).

Il y a une pluralité d'évêques et d'anciens

Les Églises de Philippes et d'Éphèse avaient chacune un collectif d'anciens ou d'évêques. Paul utilise donc les formes plu-
rielles «évêques» et «anciens» pour désigner ces responsables[2].
Cependant, quand il dresse la liste des qualités requises pour
ces ministères, il utilise la forme singulière, «évêque». Cette
forme, dans 1 Timothée 3.2 et Tite 1.7, est appelée le *singulier générique*, c'est-à-dire un nom singulier désignant une catégorie ou
un groupe entier. Sous cette forme, Paul ne fait pas référence
au nombre d'évêques dans une Église, mais utilise le singulier
évêque pour désigner tous les évêques[3].

Ce point est important à noter, car certains érudits se
basent sur l'utilisation au singulier du mot «évêque» dans
1 Timothée 3.2 et Tite 1.7 pour prétendre qu'il n'existait qu'un

---

2. Ac 20.17,28 ; Ph 1.1 ; 1 Ti 4.14 ; 5.17.
3. Paul utilise librement le singulier générique *une femme, une veuve, un ancien,*
   et *le serviteur du Seigneur* pour faire référence à certaines catégories de
   personnes (1 Ti 2.11-14 ; 5.5,19 ; 2 Ti 2.24). Il n'utilise *évêque* au singulier que
   lorsqu'il décrit les qualités requises pour ce ministère (1 Ti 3.2 ; Tit 1.7). Dans
   les deux passages, le mot *évêque* est précédé de la construction au singulier :
   «si quelqu'un» (1 Ti 3.1 ; Tit 1.6). Cependant, lorsqu'il s'adresse directement
   aux évêques, il utilise la forme plurielle, car il s'adresse non à un évêque
   particulier, mais à un collectif d'évêques (Ph 1.1 ; Ac 20.28).

seul évêque par Église locale, et que c'était l'ensemble des évêques particuliers des diverses Églises locales d'une même ville qui formait le collège des anciens au sein de cette ville. Toutefois, cette théorie ne s'accorde pas avec l'enseignement général du Nouveau Testament concernant la direction pastorale d'une seule Église par une pluralité d'anciens[4].

Caractère et fonction

Bien que les termes *évêque* et *ancien* fassent référence au même ministère, ils ne sont pas exactement synonymes. Chaque appellation accentue différents aspects de la fonction. Le terme *ancien* souligne la maturité spirituelle, l'expérience, la sagesse et le caractère du responsable. Dans la traduction grecque de l'Ancien Testament, un *ancien* était un dirigeant mature et reconnu dans la communauté. Le terme *évêque* met l'accent sur les notions de conduite officielle, de tutelle, de protection, de supervision et d'encadrement. Les deux appellations sont nécessaires pour comprendre les concepts bibliques relativement aux traits qu'un dirigeant d'Église locale doit manifester dans son caractère et sa fonction.

Quelle que soit la doctrine biblique que l'on étudie, il est important de se souvenir que les mots, ainsi que leur sens original tel qu'utilisé par les auteurs sacrés, sont essentiels pour établir une juste compréhension de la pensée et de l'enseignement des auteurs. Ce n'est pas un hasard si les auteurs du Nouveau Testament évitent d'utiliser les termes « prêtre », « seigneur », « chef » ou « roi » pour désigner les responsables de l'Église locale. Ces termes ne s'accordent pas avec la nature

---

4. Ac 14.23 ; 20.17, 28 ; Ph 1.1 ; 1 Ti 4.14 ; Ja 5.14,15 ; 1 Pi 5.1-5. Voir aussi Benjamin L. Merkle, *The Elder and Overseer: One Office in the Early Church*, Studies in Biblical Literature, New York, Peter Lang, 2003.

familiale unique des relations entre frères et sœurs chrétiens ni avec les réalités prodigieuses de l'Église, le corps de Christ habité par l'Esprit Saint. De manière significative, les auteurs du Nouveau Testament ne mettent pas l'accent sur des titres nobles ou sacrés pour les dirigeants de l'Église locale[5]. Cela n'est apparu que plus tard dans les siècles qui ont suivi.

Chaque dénomination utilise une terminologie différente pour parler de ses dirigeants tels que pasteur, ministre, prédicateur, recteur, évêque, ancien ou prêtre. Étant donné que nous faisons une étude biblique sur les diacres, nous utiliserons la terminologie et les concepts propres au Nouveau Testament pour désigner ceux qui ont un rôle officiel de dirigeant dans l'Église locale.

Puisque le terme *anciens* est employé plus couramment par les Églises de nos jours que celui d'*évêque*, nous emploierons plus fréquemment l'appellation *ancien* dans ce livre. Dans certains cas, les mots *berger* ou *pasteur* sont employés comme variations du terme *anciens*, dans le but de faire ressortir que le concept chrétien d'anciens dans le Nouveau Testament est de nature pastorale. (Le nom *pastor* est le terme latin pour *berger*; il est utilisé fréquemment pour désigner les responsables de l'Église locale.) Bien que les anciens ne soient pas appelés *bergers* (ou *pasteurs*) dans le Nouveau Testament[6], il est de leur responsabilité, selon

---

5. Matthieu 23.8-12 : « Mais vous, ne vous faites pas appeler Rabbi ; car un seul est votre Maître, et vous êtes tous frères. Et n'appelez personne sur la terre votre père ; car un seul est votre Père, celui qui est dans les cieux. Ne vous faites pas appeler directeurs ; car un seul est votre Directeur, le Christ. Le plus grand parmi vous sera votre serviteur. Quiconque s'élèvera sera abaissé, et quiconque s'abaissera sera élevé. »

6. Éphésiens 4.11 concerne les pasteurs ayant reçu un don de l'Esprit Saint : « Et il a donné les uns comme apôtres, les autres comme prophètes, les autres comme évangélistes, les autres comme pasteurs et docteurs. » Paul parle ici de personnes ayant reçu un don spirituel, et non de la fonction d'évêque ou d'ancien. Il n'est pas nécessaire que tous ceux qui ont reçu le don spirituel du pastorat soient des anciens. L'équipe presbytérale est constituée d'un corps

les Écritures, de faire paître le troupeau de Dieu. Ils sont donc bergers ou pasteurs.

Selon la Bible, les anciens sont les intendants de Dieu sur sa maison, l'Église

Tite 1.7 nous offre un éclairage important sur le concept biblique d'évêque ou ancien. Pour préciser l'enseignement biblique concernant les *évêques* ou *anciens*, Paul utilise la métaphore de l'intendant :

> Je t'ai laissé en Crète, afin que [...], selon mes instructions, tu établisses des anciens dans chaque ville, [...] il faut que l'évêque soit irréprochable, comme économe de Dieu (Tit 1.5,7).

Paul utilise le terme grec *intendant* (ou *économe*, en grec, *oikonomos*), qui désigne le gérant d'un domaine ou d'une maison, pour décrire la place et la fonction de l'évêque dans « la maison de Dieu » (1 Ti 3.15). Dans le monde antique, l'intendant d'une maison ou le gérant d'un domaine détenait une autorité considérable sur les affaires de la maison ainsi que sur les serviteurs. Néanmoins, il était placé sous l'autorité du maître, le propriétaire de la maison ou du domaine. Anthony C. Thiselton explique :

> Cette charge impliquait habituellement la responsabilité de la gestion du budget du foyer, des achats, de la comptabilité, de l'allocation des ressources, du recouvrement des dettes et du fonctionnement global de l'institution, mais uniquement dans le cadre des directives définies par l'employeur ou le chef de la maison[7].

---

pastoral, mais seuls certains anciens ont reçu le don spirituel de pasteur (1 Ti 5.17).

7. *The First Epistle to the Corinthians: A Commentary on the Greek Text*, NIGTC, Grand Rapids, Eerdmans, 2000, p. 336 ; voir aussi Ceslas Spicq, TLNT, 2,

La tâche de l'intendant consistait à libérer le maître des responsabilités et de la gestion quotidiennes du foyer afin qu'il puisse se consacrer à d'autres affaires. Pour mener à bien sa mission, il fallait que l'intendant soit un gestionnaire compétent et entièrement digne de confiance. Dans notre passage, l'accent est mis sur les anciens comme intendants *de Dieu*.

Le rôle et les critères de qualification de l'intendant de Dieu

Le fait que l'évêque ou l'ancien soit l'intendant de Dieu est très révélateur. Dieu établit les anciens au poste d'intendant et délègue à chacun l'autorité pour diriger sa maison, l'Église[8]. C'est une position et un rôle comportant de grandes responsabilités. L'autorité de l'intendant vient de Dieu, non de l'Église. Les anciens, en tant qu'intendants de Dieu, devront lui rendre des comptes pour leur ministère.

Tout comme l'intendant d'une maison du temps de Paul était chargé de gérer les finances et le personnel, l'intendant de Dieu doit gérer les ressources de l'Église, établir un budget, déléguer certaines tâches, encourager les membres à exercer leurs dons, résoudre les problèmes, prendre des décisions, définir les règles de l'Église, établir certaines structures pour accomplir une œuvre particulière et conduire un ou plusieurs ministères au sein de l'Église. En outre, il doit enseigner la Parole de Dieu fidèlement, se prononcer sur les difficultés et les doctrines, conseiller et former, résoudre les conflits entre les membres et prendre soin de ceux qui, dans la famille qu'est l'Église, ne peuvent prendre soin d'eux-mêmes.

---

p. 568-575.
8. De la même façon, selon Actes 20.28, chaque ancien présent devant Paul a été établi par le Saint-Esprit comme ancien dans l'Église.

Puisque les anciens sont les intendants de Dieu sur sa maison, ils doivent satisfaire aux exigences définies par Dieu que Paul décrit dans 1 Timothée 3.1-7 et Tite 1.5-9. Un ancien doit être irréprochable, mari d'une seule femme, sobre, modéré, réglé dans sa conduite, hospitalier, indulgent, ami des gens de bien, juste, saint, tempérant, capable de bien diriger sa maison, et recevoir un bon témoignage de ceux du dehors. De plus, il ne doit être ni arrogant, ni colérique, ni violent, ni querelleur, ni adonné au vin, ni porté au gain, ni un nouveau converti. Un intendant de Dieu doit être capable d'instruire le peuple de Dieu selon la saine doctrine et de réfuter ceux qui la contredisent[9].

Un des éléments cruciaux pour évaluer l'aptitude de quelqu'un à être l'intendant de Dieu sur sa maison est sa capacité à bien diriger sa propre maison. L'importance fondamentale de cette exigence est soulignée dans la question rhétorique de Paul en 1 Timothée 3.5 : « ... car si quelqu'un ne sait pas diriger sa propre maison, comment prendra-t-il soin de l'Église de Dieu ? » La réponse à cette question est une réfutation retentissante : il ne pourra pas « prendre soin de l'Église de Dieu » de façon adéquate s'il ne sait pas diriger sa propre maison de façon adéquate.

Le mot grec traduit par « prendre soin » (*epimeleomai*[10]) évoque une attention personnelle, consciencieuse et, dans le cas présent, le fait de s'occuper des divers besoins de « l'Église de Dieu ». Comme le souligne le commentateur biblique Andreas Köstenberger, le terme « "Église *de Dieu*" met en évidence le caractère sacré et la responsabilité solennelle de la tâche qui consiste à prendre soin du peuple de Dieu[11] ».

---

9. Tit 1.5-9.
10. Voir Celas Spicq, TLNT, 2, p. 47-53.
11. *Commentary on 1-2 Timothy & Titus*, Biblical Theology for Christian Proclamation, Nashville, Tenn., B&H, 2017, p. 130.

Les anciens, selon la Bible, doivent faire paître le troupeau de Dieu

Examinez encore une fois l'avertissement prophétique et apostolique de Paul aux anciens d'Éphèse. Avant de les quitter, Paul les exhorte ainsi :

> Prenez donc garde à vous-mêmes, et à tout le troupeau sur lequel le Saint-Esprit vous a établis évêques, pour paître l'Église de Dieu, qu'il s'est acquise par son propre sang. Je sais qu'il s'introduira parmi vous, après mon départ, des loups cruels qui n'épargneront pas le troupeau, et qu'il s'élèvera du milieu de vous des hommes qui enseigneront des choses pernicieuses, pour entraîner les disciples après eux. Veillez donc, vous souvenant que, durant trois années, je n'ai cessé nuit et jour d'exhorter avec larmes chacun de vous (Ac 20.28-31).

Je ne peux insister assez sur l'importance théologique et pratique que revêt ce plaidoyer apostolique dans notre compréhension du rôle des anciens dans le Nouveau Testament. Nous aurions tort d'aborder ce texte de façon théorique, de chercher des subtilités théologiques, de débattre de l'exactitude du compte-rendu de Luc ou de trouver uniquement des problèmes à ce passage. Le message de Paul est très clair et solennel. Il s'agit d'une question de vie ou de mort pour toutes les Églises : protégez le troupeau que Dieu s'est acquis par le sang de Christ, car des loups cruels vont venir ! Ce plaidoyer révèle quelle haute estime Paul accorde aux anciens dans l'Église et à leur tâche.

Paul rappelle ouvertement aux anciens que le Saint-Esprit les a établis comme dirigeants dans l'Église. Leur vocation particulière consistait à « faire paître l'Église de Dieu » (traduction littérale). L'aspect spécifique de la tâche de conduire le troupeau que Paul souligne ici est la protection et la garde du troupeau. Il doit être protégé des loups qui cherchent à le dévorer. Les anciens qui en sont les bergers doivent donc « veiller » et être attentifs à la menace permanente que représentent ces « loups cruels ». Ces derniers sont les instruments de Satan, le Malin, l'ennemi, le menteur, le trompeur, le tentateur et le serpent[12]. Le terme « dirigeant » (ou surveillant) décrit parfaitement leur responsabilité de garder le troupeau de Dieu et d'être à l'affût du danger certain et imminent.

Le plaidoyer de Pierre aux anciens

Paul n'est pas le seul à utiliser la belle métaphore biblique du berger pour évoquer les anciens. L'apôtre Pierre fait de même. Lui aussi exige des anciens qu'ils fassent paître le troupeau de Dieu. Pierre livre le même plaidoyer à de nombreuses Églises situées dans « le Pont, la Galatie, la Cappadoce, l'Asie et la Bithynie » (1 Pi 1.1) :

> J'exhorte les anciens qui sont parmi vous, [...] paissez le troupeau de Dieu qui est avec vous, le surveillant (1 Pi 5.1,2 ; *Darby*).

Faire paître est la formule utilisée au sens figuré pour exprimer la nature de la gouvernance biblique, alors que *surveiller* est le terme littéral qui clarifie cette formule. Pierre utilise les verbes *faire paître* et *surveiller* pour décrire les responsabilités données par Dieu aux anciens.

Notons que Pierre ne fait jamais référence à un seul surveillant, mais uniquement aux « anciens ». Pour Pierre, qui écrit à peu près à l'époque où Paul rédige la première épître à Timothée et celle à Tite, les anciens sont ceux qui « surveillent » le

---

12. Mt 13.19,39 ; Jn 8.44 ; 2 Co 11.3,14,15 ; 1 Th 3.5 ; Ap 12.9.

«troupeau de Dieu». Étant donné que ces deux éminents apôtres du Nouveau Testament chargent les anciens – et aucune autre personne ou groupe – de faire paître (d'où est issu le terme «pasteur») le troupeau de Dieu, nous pouvons en conclure qu'en termes bibliques, les anciens sont responsables de la surveillance pastorale de l'Église locale.

LES ANCIENS, SELON LA BIBLE, DOIVENT ENSEIGNER ET DÉFENDRE L'ÉVANGILE

Le verset de Tite 1.9 est l'un des plus importants pour définir le concept paulinien d'ancien ou d'évêque. Il exige de la part de tous les anciens selon la Bible la capacité d'enseigner la Parole et de réfuter les faux docteurs. Par conséquent, les pasteurs anciens sont les gardiens de l'enseignement des apôtres et ils doivent transmettre «la vraie parole [l'*Évangile*] telle qu'elle a été enseignée *[par les apôtres]*».

> [Un *évêque ou ancien doit être*] attaché à la vraie parole telle qu'elle a été enseignée, afin d'être capable d'exhorter selon la saine doctrine et de réfuter les contradicteurs (Tit 1.9).

Ce passage met en lumière une différence importante entre l'ancien et le diacre. Un ancien doit être apte à enseigner et défendre la saine doctrine, ce qui n'est pas exigé d'un diacre.

Certains anciens travaillent à la prédication et à l'enseignement

Bien que les Écritures exigent que tous les anciens soient capables d'enseigner et de défendre la vérité de l'Évangile, certains anciens ont un don spirituel pour être des dirigeants et d'autres un don spirituel pour être des enseignants qui «travaillent à la prédication et à l'enseignement». Pour accomplir ce travail ardu, il est juste que les anciens qui ont le don spirituel d'enseignement reçoivent un «double honneur» de la part de la communauté. Paul compare cela à un salaire mérité :

> Que les anciens qui dirigent bien soient jugés dignes d'un double honneur, surtout ceux qui travaillent à la prédication et à l'enseignement. Car l'Écriture dit : tu ne muselleras point le bœuf quand il foule le grain. Et l'ouvrier mérite son salaire (1Ti 5.17,18).

Les enseignants qui ont ce don spirituel sont très vraisemblablement ceux que le Christ a donné comme «pasteurs» (*poimenes*) et que Paul mentionne dans Éphésiens 4.11. Avec les autres docteurs, ils sont établis pour «le perfectionnement des saints en vue de l'œuvre du ministère et de l'édification du corps de Christ» (Ép 4.12). Le plan de Dieu est que ces anciens, ainsi que les autres enseignants, accomplissent la mission essentielle d'éduquer le peuple de Dieu pour le préparer au ministère dans le corps de Christ.

LES ANCIENS, SELON LA BIBLE, SOUTIENNENT LES FAIBLES

Paul conclut son plaidoyer aux anciens d'Éphèse en soulignant un autre aspect de la tâche pastorale. Il leur lance un appel à «soutenir les faibles» :

> Je vous ai montré de toutes manières que c'est en travaillant ainsi qu'il faut soutenir les faibles; et se rappeler les paroles du Seigneur, qui a dit lui-même : Il y a plus de bonheur à donner qu'à recevoir (Ac 20.35).

Les «faibles» sont ceux qui ne peuvent remplir leurs besoins physiques et matériels fondamentaux[13] en raison de leur âge, d'une maladie, d'un handicap, de la pauvreté, de leur statut social ou de toute autre raison légitime. Paul ne fait donc pas référence à des chrétiens faibles spirituellement, mais à ceux qui ont besoin d'une aide financière, médicale ou personnelle. En utilisant l'expression «il faut», et en citant le Seigneur Jésus, Paul introduit dans le mandat pastoral des anciens l'obligation biblique et morale de s'assurer que les membres les plus «faibles» du troupeau de Dieu reçoivent le soutien approprié.

Exemples de générosité et de soutien

Les anciens doivent être des modèles en travaillant dur et en manifestant de bon cœur leur générosité. À travers sa propre expérience, Paul montre le bon exemple moral et spirituel à l'Église :

> Vous savez vous-mêmes que ces mains ont pourvu à mes besoins et à ceux des personnes qui étaient avec moi. Je vous ai montré de toutes manières que c'est en travaillant ainsi qu'il faut soutenir les faibles (Ac 20.34,35).

La plupart des anciens auxquels Paul s'adresse dans Actes 20 devaient certainement subvenir à leurs besoins matériels en travaillant d'une manière ou d'une autre. Peu d'entre eux pouvaient être soutenus, partiellement ou totalement, par une Église. Paul rappelle donc qu'il a travaillé de façon à être indépendant, qu'il a fait preuve d'abnégation et s'est préoccupé des plus faibles, afin que les anciens d'Éphèse fassent de même. Les anciens devaient partager l'argent gagné grâce à leur emploi avec ceux qui avaient besoin d'une aide financière.

---

13. «Faible» (*astheneō*) : «faire l'expérience d'un manque de biens matériels indispensables, être dans le besoin», BDAG, p. 142, trad. libre.

En résumé

L'équipe d'anciens biblique n'est pas un comité passif, incompétent et insensible, mais un collectif, désigné par l'Esprit Saint, de pasteurs qualifiés œuvrant conjointement pour faire paître le troupeau de Dieu. En termes bibliques, les anciens sont les surveillants, les bergers, les intendants, les enseignants et les dirigeants de l'Église locale. Ce sont des hommes désireux de prendre soin de l'Église de Dieu, et qui sont irréprochables, versés dans les Écritures, attachés à la saine doctrine, capables d'enseigner la Parole et de protéger l'Église des faux docteurs. Cette responsabilité inspire l'éloge de Paul dans 1 Timothée 3.1 : « Si quelqu'un aspire à la charge d'évêque, il désire une œuvre excellente. »

À la lumière de ces enseignements sur les anciens selon la Bible, nous sommes désormais prêts à étudier les diacres dans le Nouveau Testament : Qui sont-ils ? Que font-ils ? Quelle est la nature de leur relation avec les anciens ?

Points clés à retenir

1. Pour les chrétiens qui se fondent sur l'Écriture, le rôle des anciens ou évêques est défini par l'enseignement précis du Nouveau Testament.

2. Les termes *évêque* et *ancien*, bien que n'étant pas synonymes, font référence au même groupe de responsables et sont utilisés de façon interchangeable par Paul quand il décrit leurs fonctions, leur caractère, leurs qualités et leur rôle.

3. En qualité d'intendants de Dieu, les anciens se voient confier la responsabilité et l'autorité pour conduire la « maison de Dieu », un engagement solennel pour lequel ils devront rendre des comptes à leur Maître.

4. Les apôtres Paul et Pierre chargent les anciens de faire paître et de surveiller l'Église locale. Une telle charge n'est jamais confiée aux diacres.

5. Dans le cadre de leurs obligations pastorales, les anciens doivent prendre soin des membres « faibles » de la famille de Dieu.

Les responsabilités des anciens selon la Bible

- Conduire l'Église de Dieu (1 Ti 5.17)
- Exercer une surveillance, gérer, superviser (1 Pi 5.2)
- Enseigner la Parole de Dieu (1 Ti 3.2 ; 2 Ti 2.2 ; Tit 1.9)
- Équiper et préparer les saints au ministère chrétien (Ép 4.11,12)
- Travailler à la prédication et à l'enseignement (1 Ti 5.17)
- Être des modèles comme dirigeants chrétiens (1 Pi 5.3)
- Faire paître toute l'Église, c'est-à-dire en être les pasteurs (1 Pi 5.2) : nourrir, protéger, conduire, guérir (Ac 20.28)
- Arbitrer les débats doctrinaux (Ac 15.2-30 ; 16.4 ; 21.20-25)
- Garder l'Église contre les faux docteurs (Ac 20.28-31 ; Tit 1.9,10)
- Prendre soin de l'Église de Dieu (1 Ti 3.5)
- Soutenir ceux qui sont faibles dans l'Église (Ac 20.35)
- Prier pour les malades et les oindre d'huile (Ja 5.14,15)
- Imposer les mains à ceux ayant reçu un don (1 Ti 4.14)
- Gérer les finances de l'Église (Ac 11.29,30 ; 1 Pi 5.2)
- Représenter leur Église locale auprès des autres Églises (Ac 11.30 ; 15.4,22,23 ; 21.18,19)
- Rendre des comptes à Dieu le Père (Hé 13.17)

CHAPITRE 3

LES DIACRES : LES ASSISTANTS DES ANCIENS

Maintenant que nous avons étudié l'enseignement biblique concernant les anciens dans l'Église, nous sommes en mesure de mieux comprendre le concept paulinien des diacres.

L'utilisation du mot grec *diakonos* dans Philippiens 1.1, 1 Timothée 3.8-12 et probablement dans Romains 16.1 (bien que cet usage soit contesté) est un élément essentiel de notre étude. La *Bible Segond Nouvelle Édition de Genève 1979* ne traduit que trois des vingt et une occurrences de *diakonos* dans les lettres de Paul par le mot « diacres » (Ph 1.1 ; 1 Ti 3.8,12 ; Ro 16.1). Dans ces passages, Paul utilise la forme plurielle *diakonoi* pour désigner certains responsables de l'Église locale associés aux anciens.

En outre, Paul utilise ce terme dans un sens positif, honorable, et non d'une façon qui suggère un travail servile. J'ai déjà entendu des personnes prétendre que le terme *diakonos* désigne un modeste serviteur chargé de nettoyer les tables, ce qui laisse à penser que les diacres s'occupent des tâches les plus ingrates dans l'église, comme nettoyer les toilettes ou passer la serpillière. Ce n'est assurément pas le cas dans Philippiens 1.1 et 1 Timothée 3.8-13, les deux principaux textes mentionnant les diacres. Dans ces passages, les diacres détiennent de toute évidence une position d'autorité reconnue, et sont chargés de certaines responsabilités officielles. D'ailleurs, Paul affirme que ceux qui remplissent convenablement leur ministère obtiendront l'estime et le respect de l'assemblée (1 Ti 3.13).

Dans les deux passages, Paul associe les diacres aux anciens de l'Église. Aussi bien les anciens que les diacres sont des responsables d'Église reconnus qui ont été évalués et approuvés par l'Église et ses dirigeants comme remplissant les qualités bibliques requises pour leurs fonctions respectives. Les ministres désignés par le terme *anciens* (*episkopoi*) sont chargés de la direction de toute l'Église (Ac 20.28 ; Tit 1.7). Il est donc significatif que les diacres soient mentionnés à côté d'eux et que Paul place les diacres *après* les anciens dans l'ordre d'apparition.

Il est évident que les ministres que Paul décrit par le terme *diakonoi* servent sous la direction des anciens. Mais que savons-nous de la relation entre les anciens et les diacres, et de la manière dont œuvrent les diacres? Je chercherai à démontrer dans ce chapitre que les diacres sont les assistants officiels des anciens. Bien qu'un certain nombre d'érudits soutiennent cette position[1], ils présentent rarement des preuves pour l'étayer. Dans

---

1. Les tenants de cette position : Hermann Cremer, *Biblio-Theological Lexicon of New Testament Greek*, 4ᵉ éd., Édimbourg, T&T Clark, 1895, p. 178 ; Walter Lock, *The Pastoral Epistles*, ICC, Édimbourg, T&T Clark, 1924, p. 34-35 ; E. F. Scott, *The Pastoral Epistles*, MNTC, Londres, Hodder and Stoughton, 1936, p. 34 ; R. C. H Lenski, *The Interpretation of St. Paul's Epistles to the Colossians, to the Thessalonians, to Timothy, to Titus and to Philemon*, Minneapolis, Minn., Augsburg, 1937, p. 592 ; E. K. Simpson, *The Pastoral Epistles*, Grand Rapids, 1954, p. 55 ; Eduard Schweizer, *Church Order in the New Testament*, Naperville, Ill., Allenson, 1961, p. 199 ; J. N. D. Kelly, *The Pastoral Epistles: I Timothy, II Timothy, Titus*, BNTC, Londres, Adam & Charles Black, 1963, p. 81 ; Gerald F. Hawthorne, *Philippians*, WBC, Waco, Tex., Word, 1983, p. 9 (une des interprétations possibles) ; Thomas C. Oden, *First*

ce chapitre, j'apporte les preuves linguistiques et contextuelles que les *diakonoi* sont les assistants des *episkopoi*, les anciens.

PREUVES QUE LES DIACRES SONT DES ASSISTANTS

L'affirmation selon laquelle les diacres sont les assistants des anciens repose sur les arguments suivants. Souvenez-vous que les Béréens étudiaient attentivement les déclarations du grand apôtre Paul pour s'assurer qu'elles étaient conformes aux Écritures. Cela demandait du temps et des efforts. Je vous encourage à faire de même avec les arguments présentés dans ce chapitre.

1. Une des significations possibles de *diakonos* est *assistant*

Ces dernières années, les érudits de la Bible ont montré que le champ sémantique de la racine *diakon-* est plus vaste que ce que l'on considérait jusqu'à maintenant. La signification de ce groupe de mots s'étend du messager sacré mandaté par Dieu

---

and Second Timothy and Titus : Interpretation, Louisville, Kent., John Knox, 1989, p. 147 ; John N. Collins, *Diakonia : Reinterpreting the Ancient Sources*, New York, Oxford University Press, 1990, p. 237, 243, 337 ; R. Alastair Campbell, *The Elders : Seniority within Earliest Christianity*, Édimbourg, T&T Clark, 1994, p. 134, 199-200; Daniel Arichea et Howard Hatton, *Handbook on Paul's Letters to Timothy and to Titus*, New York, United Bible Society, 1995, p. 72; *The Oxford Dictionary of the Christian Church*, F. A. Cross, éd., New York, Oxford Press, 1998, p. 455; BDAG, «diakonos» [2000], p. 230-231 (ce dictionnaire est nommé en abrégé BDAG pour Bauer-Danker-Arndt-Gingrich. Il s'agit de la troisième édition); Philip H. Towner, *The Letters to Timothy and Titus*, NICNT, Grand Rapids, Eerdmans, 2006, p. 262, 267; Benjamin Fiore, *Sacra Pagina : The Pastoral Epistles*, Collegeville, Minn., Liturgical, 2007, p. 80-82 ; Paul Trebilco, *The Early Christians in Ephesus from Paul to Ignatius*, Grand Rapids, Eerdmans, 2007, p. 458-459, 523 (une des interprétations possibles); Carolyn Osiek, «Deacon», dans *The New Interpreter's Dictionary of the Bible*, vol. 2, Katharine D. Sakenfeld, éd., Nashville, Tenn., Abingdon, 2007, p. 2, 49; Joseph H. Hellerman, *Philippians*, EGGNT, Nashville, Tenn., B&H Academic, 2015, p. 12.

(c'est-à-dire un ambassadeur ou un émissaire[2]) à l'humble serveur ou serviteur de maison dans un état proche de l'esclavage, en passant par le responsable officiel ayant l'autorité de mettre à exécution les ordres d'un supérieur[3]. Tous les usages de *diakonos* n'ont donc pas simplement la signification de «serviteur», et ne sont pas porteurs d'une connotation ingrate ou servile. Nous devons donc interpréter *diakonos* et les termes associés *diakoneō* et *diakonia* en fonction du contexte spécifique dans lequel ils sont utilisés.

Dans le cadre de sa thèse de doctorat, Clarence D. Agan III a effectué une étude lexicale approfondie du groupe de mots contenant la racine *diakon-* (*diakoneō, diakonia, diakonos*[4]). Il a analysé 770 usages de ce groupe de mots dans des sources profanes, juives et chrétiennes s'étendant du sixième siècle avant Jésus-Christ au début du troisième siècle de notre ère. À ce jour, son étude est la plus exhaustive et elle analyse le

---

2. Collins, *Diakonia*, p. 96-132.
3. Collins, *Diakonia*, p. 133-149. Voir Josèphe, *Antiquités juives*, 9.25.
4. «Like the One Who Serves: Jesus, Servant-Likeness, and Self-Humiliation in the Gospel of Luke,» thèse de doctorat, Université d'Aberdeen, 1999. Aussi, Clarence D. Agan III, «Deacons, Deaconesses, and Denominational Discussions: Romans 16:1 as a Test Case», *Presbyterion, Covenant Seminary Review*, 34/2, Automne 2008, p. 105-108.

    Agan suit, tout en gardant un regard critique, le livre novateur de John Collins, *Diakonia: Re-interpreting the Ancient Sources* (*op. cit.*). Il cherche à corriger certaines disparités et corrections excessives de John Collins. Andrew Clarke fait également partie de ceux qui critiquent certaines applications précises faites par Collins aux textes du Nouveau Testament. On pourra consulter *Serve the Community of the Church: Christians as Leaders and Ministers*, Grand Rapids, Eerdmans, 2000, p. 234-247 et *A Pauline Theology of Church Leadership*, New York, Bloomsbury, 2008, p. 60-67.

    Le fait d'adhérer à la thèse de Collins concernant les diacres assistants des évêques ne doit pas être compris comme une validation de toutes ses conclusions ou interprétations, dont certaines sont complètement fausses, par exemple concernant Actes 6.1-7 et Marc 10.45 (voir *Deacons and the Church*, p. 28-35, 58).

plus grand nombre d'occurrences du groupe de mots basé sur la racine *diakon-*.

En conclusion de son étude, Agan propose quatre usages de ce groupe de mots :

(1) Service aux tables : un serveur, un préposé, chargé de servir la nourriture et les boissons, servir aux tables, apporter ou préparer les repas (Lu 17.8 ; Jn 2.9)[5]. C'est l'utilisation la plus courante de ce groupe de mots dans les milieux chrétiens.

(2) Service domestique : un domestique ou un esclave chargé d'accomplir des tâches ménagères variées ou de répondre aux besoins personnels du maître (Mt 25.44 ; Jn 12.26).

(3) Communication ou livraison : un messager, un émissaire ou un coursier mandaté officiellement qui livre un message ou un objet de la part de quelqu'un d'autre (Ro 16.1 ; 2 Co 3.3 ; Ép 3.7-9)[6].

(4) Représentant ou intermédiaire : personne qui exécute la volonté d'un autre, ou accomplit une tâche au nom de quelqu'un d'autre. Dans de nombreux cas, l'idée

5. John Collins affirme que « dans le cas de ce groupe de mots, il est vrai que la référence au service aux tables est la plus fréquente », survenant « dans environ un quart de toutes les occurrences » (*Diakonia*, p. 75).
6. Dieter Georgi puise dans sa propre étude originale de l'antique groupe de mots en *diakon-* et de la notion de messager sacré mandaté présente dans le terme *diakonos*. Il affirme que les diacres sont des messagers proclamant l'Évangile, et absolument pas des responsables d'œuvres de charité ; ils sont les missionnaires ou les évangélistes de l'Église (*The Opponents of Paul in Second Corinthians*, Philadelphia, Fortress, 1986, p. 27-32). Peu de personnes se sont ralliées à sa thèse selon laquelle les diacres sont des missionnaires, des prédicateurs ou des évangélistes.

véhiculée est celle d'un subordonné accomplissant une mission au nom d'un supérieur et ayant toute l'autorité pour effectuer la tâche déléguée par celui-ci (Ac 19.22 ; Ro 13.4[7]; 2 Co 11.15)[8]. C'est l'usage le plus rare du terme, et il est souvent repéré sous forme verbale[9].

D'après son analyse, Clarence Agan conclut que *diakonos* dans 1 Timothée 3 et Philippiens 1 exprime la notion de « représentant » plutôt que celle de « serveur » (comme pourrait le suggérer le ministère de service aux tables auprès des pauvres dans Actes 6.1-7). Le point particulièrement pertinent pour notre étude est qu'Agan démontre que l'un des sens possibles du groupe de

---

7. BDAG, p. 230.
8. Voici quelques exemples clés de la liste, fournie par Agan, des sources extrabibliques et hellénistiques dans lesquelles la terminologie en *diakon-* est utilisée pour signifier un représentant :
    Formes verbales :
    Josèphe, *Antiquités Juives* 9.25, 41 ; 18.269, 283 ; 19.42.
    Appien, *Histoire Romaine* 3.12.2 ; 12.13.90.
    Aélius Aristide, *Pour les Quatre* 196, 230, 265, 367, 556.
    Forme nominale :
    Josèphe, *Antiquités Juives* 11.255 ; *Jewish War* 4.388.
    Dion Chrysostome, *Discours* 49.8.
    Philon d'Alexandrie, *De Decalogo* 177.
    Philon d'Alexandrie, *De Gigantibus* 12.
    Philon d'Alexandrie, *De Specialibus Legibus* 1.116.
    Philon d'Alexandrie, *De Josepho* 123, 242.
    Aélius Aristide, *Contre Platon sur la Rhétorique* 225, 364, 367.
    Aélius Aristide, *Pour les Quatre* 266, 590.
    Aristide d'Athènes, *Apologie* 15.
9. Collins note : « Dans la mesure où le nom commun est concerné, la notion de représentant n'est pas très répandue dans l'usage chrétien à cette époque » (*Diakonia*, 243, 331). Agan affirme : « Pourtant, nos termes sont utilisés dans leur acception la plus abstraite dans ce dernier champ sémantique. Ils désignent simplement l'exécution de la volonté d'un tiers par un agent ou un instrument (selon la nature personnelle ou impersonnelle de l'exécutant), sans lien avec la nourriture, la boisson, des tâches domestiques, des messages ou objets devant être livrés (« Deacons, Deaconesses, and Denominational Discussions: Romans 16.1 as a Test Case, » p. 101-102).

mots en *diakon-* est « représentant » ou « délégué »[10]. Il soutient que les diacres sont les assistants ou les auxiliaires des anciens, approuvés par l'Église.

Il est important de noter que la troisième édition de l'ouvrage *A Greek-English Lexicon of the New Testament and Other Early Christian Literature* (Lexique grec-anglais du Nouveau Testament et de la littérature chrétienne primitive, BDAG en abrégé), se basant sur de récentes études portant sur le groupe de mots en *diakon-*[11], indique qu'une des traductions possibles du mot grec *diakonos* est : « personne accomplissant quelque chose sur l'ordre d'un supérieur, assistant[12] ». Dans ce dictionnaire, les traductions pour le mot *diakonos* tel qu'il apparaît dans 1 Timothée 3 et Philippiens 1 sont : « préposé, assistant, aide[13] ».

2. Éliminer les autres usages possibles de *diakonos*

Nous pouvons maintenant considérer et écarter les autres usages possibles du mot *diakonos* qui ne correspondent pas au contexte de 1 Timothée 3.1-13.

Premièrement, dans 1 Timothée 3.8, il est évident que Paul n'utilise pas *diakonos* pour désigner un messager mandaté ou un émissaire (le troisième sens possible du terme). Rien dans le passage de 1 Timothée 3.1-13 n'évoque un voyage, la transmission d'un message ou le service d'un émissaire particulier ou d'un missionnaire.

---

10. Pour voir les exemples du groupe de mots en *diakon-* exprimant un représentant dans la littérature extrabiblique, voir « *Diakon-* Word Group », < www.deaconbook.com >.
11. On pourra comparer les entrées des termes en *diakon-* de l'édition précédente (1979) du BDAG avec celles de la troisième édition (2000) qui lui reconnaît un sens plus large.
12. BDAG, p. 230-231 ; voir aussi page 919.
13. BDAG, p. 230-231.

Deuxièmement, Paul n'utilise pas le terme *diakonos* pour désigner un serviteur dans le sens général et indéfini pouvant s'appliquer à tout chrétien (le deuxième usage du terme, employé métaphoriquement). Certaines Églises soutiennent que quiconque sert régulièrement dans l'Église, quelle que soit sa compétence, est un diacre (dans le sens de serviteur). Ils affirment cela en se basant sur le postulat que *diakonos* signifie *serviteur* et rien d'autre.

Cependant, les érudits rejettent presque unanimement cette position[14]. La plupart des dirigeants d'Église perçoivent les problèmes inhérents à l'idée que quiconque sert dans l'Église est un diacre. Ils comprennent, à juste titre, que *diakonoi* en 1 Timothée 3 et Philippiens 1 fait référence à un nombre limité de responsables, et non à chaque personne dans l'Église qui rend service.

Troisièmement, bien que nombre d'érudits rejettent l'idée selon laquelle toute personne qui sert dans l'Église est un diacre, ils continuent de croire que *diakonos* dans 1 Timothée 3 doit signifier *serviteur*, et rien de plus. Ils qualifient ces serviteurs de différentes manières, telles que « serviteurs doués », « serviteurs modèles » ou « serviteurs-dirigeants ». De ce point de vue, il semble que le terme *diakonos* (c'est-à-dire serviteur) soit un titre donné à différentes personnes dans l'Église en raison des divers services qu'elles rendent, par exemple, « faciliter le

---

14. Une personne doit remplir un certain nombre de critères précisés dans l'Écriture avant de pouvoir servir comme diacre ou d'être considérée comme tel. Ces conditions limitent le nombre de personnes pouvant servir comme diacres dans l'Église. Toutefois, même les personnes qui ne remplissent pas tous les critères pour devenir diacre doivent, à la demande du Christ, accomplir « l'œuvre du ministère [*ou service*] » (Ép 4.12). La position selon laquelle toute personne servant dans l'Église est un diacre élimine toute distinction fiable entre les responsables qui portent le titre de « diacre » et tous les serviteurs sans titre précis qui doivent aussi servir de différentes manières.

stationnement des voitures[15]», diriger le ministère de l'audiovisuel dans l'église, organiser les mariages ou gérer le ministère de l'accueil ou des placeurs à l'église. La position ou la fonction de diacre ne semble pas constituer un poste particulier clairement identifié auquel on accède, mais plutôt un titre donné aux personnes responsables des différents ministères au sein de l'Église. Toutefois, cette conception repose sur le présupposé lexical erroné selon lequel *diakonos* ne peut signifier que *serviteur* et rien d'autre.

Enfin, rien dans le contexte de 1 Timothée 3.1-13 n'indique explicitement que le terme *diakonos* est utilisé comme un titre spécifique pour désigner les personnes responsables du service aux tables qui apportent la nourriture aux plus démunis (le premier usage)[16].

Aucun indicateur contextuel ne suggère quoi que ce soit par rapport à la nourriture, au service aux tables ou aux pauvres. C'est au mieux une inférence. On obtiendra une meilleure compréhension du terme *diakonos* en étudiant son étroite

---

15. Selon cette position, les diacres sont les dirigeants ou les responsables de divers ministères au sein de l'Église locale et en dehors de celle-ci, comme celui de «gérer l'équipe du stationnement» : La responsabilité première des diacres est de répondre aux besoins selon l'Écriture. Pour être clair, certaines formes de service – telles que celle d'aider au stationnement – ne sont peut-être pas décrites expressément dans la Bible, mais elles répondent à un besoin précis relatif à un mandat biblique. Un diacre responsable de l'équipe du stationnement permet à l'Église d'obéir au commandement biblique de se réunir ensemble (Hé 10.24,25) (David Platt, Daniel L. Akin, Tony Merida, *1 & 2 Timothy and Titus*, CCE, Nashville, Tenn., Broadman & Holman, 2013, p. 60).

16. C'est la position que je tenais auparavant et que j'ai défendue dans mon livre *The New Testament Deacon: The Church's Minister of Mercy*, Littleton, Color., Lewis and Roth, 1992. Au moment où j'ai écrit *The New Testament Deacon*, les recherches de John Collins ou de Clarence Agan n'étaient pas encore disponibles. C'est la thèse de doctorat de Clarence Agan en particulier qui a fait évoluer ma position.

association avec les anciens (1 Ti 3.1-7) et sa position subordon-
née à la leur.

3. Le rapport des diacres avec la fonction et l'autorité des anciens

La clé pour comprendre ce que sont les diacres dans
1 Timothée 3.8-13 est d'avoir une juste représentation des responsables avec qui ils collaborent : les anciens, dirigeants, super-
viseurs ou gardiens (voir chapitre 2). Paul désigne la fonction et
la tâche des évêques par l'expression «la charge d'évêque» (v. 1)
et insiste sur le fait que c'est une «œuvre excellente» (v. 1). Il
exige que l'évêque ait la capacité d'enseigner la Parole de Dieu et
de prendre soin de l'Église de Dieu comme un «intendant» sur
la maison de Dieu (1 Ti 3.2,5 ; Tit 1.7,9).

Du fait de leur éminente fonction et de leur rôle fondamental dans l'Église, Paul décrit une liste de critères de qualification plus exhaustive pour les évêques que pour les diacres
(1 Ti 3.2-7). D'après les informations que nous fournit le Nouveau
Testament, les évêques ou anciens étaient nommés en premier
lieu, avant les diacres. Les Églises doivent avoir des évêques
ou anciens qualifiés, mais elles n'ont pas forcément besoin de
diacres (comme on le voit dans Tite 1.5-10). Les évêques n'ont pas
besoin des diacres pour remplir leur fonction de surveillant ou
d'intendant de l'Église locale, comme nous l'expliquerons plus
en détail ci-dessous.

Le terme adapté à la fonction : dans le même passage (1 Ti 3.1-13),
Paul s'adresse à un autre groupe de responsables dans l'Église
appelés *diakonoi*. Ils sont associés et soumis aux anciens, mais
on ne leur demande pas de pouvoir enseigner, et on ne leur
donne *pas* une liste précise de responsabilités. Il paraît donc

très vraisemblable que les responsables appelés *diakonoi* soient en réalité les aides ou les assistants des évêques. On les nomme *diakonoi* justement à cause de leur relation avec les *episkopoi*[17]. Comme le conclut John N. Collins, les *episkopoi* peuvent exercer leur rôle seuls, alors que les diacres doivent être en relation avec une personne ou un groupe de personnes qui leur fournit des consignes :

> La nature même des termes indique que les *episkopoi* peuvent agir sans les *diakonoi*, mais que les *diakonoi* ne peuvent pas agir sans un administrateur tel qu'un *episkopos* pour les mandater[18].

Ainsi, les diacres ne constituent pas un collectif indépendant et autonome de responsables sans rapport avec le groupe d'anciens. Comme le contexte et les termes eux-mêmes l'indiquent, les *diakonoi* agissent sous la direction des *episkopoi*. Les *diakonoi* assistent les *episkopoi* en les représentant officiellement et en se tenant prêts à accomplir les tâches qui leur sont déléguées par les anciens.

Comme l'explique brièvement Clarence Agan, Paul a très probablement choisi spécifiquement le mot grec *diakonos*, car...

> *[il]* décrit bien la fonction d'intermédiaire que Paul avait en tête. Il pensait à un rôle qui impliquait d'être simultanément en

---

17. Si les diacres étaient les assistants des anciens, nous pourrions nous attendre à ce que Paul le rende explicite en ajoutant « leur » avant *diakonoi*. Or on ne trouve pas de mot ou de phrase qualificative devant le titre *diakonoi*. Cependant, quand le terme *diakonoi* se trouve dans le contexte spécifique des responsables d'Église, en lien étroit avec l'*episkopos* et qu'on le considère dans le sens de représentant, il n'est pas nécessaire d'ajouter le pronom possessif ou l'article défini. On peut noter que dans 1 Timothée 3, il est fait référence à d'autres personnes sans utilisation d'un article : diacres (v. 8,12) ; enfants (v. 4,12) ; épouses (v. 2,12) ; maris (v. 2,12) ; femmes ou épouses (v. 11).

18. Collins, *Deacons and the Church*, Harrisburg, Penns., Morehouse, 2002, p. 92.

position d'autorité et de soumission à une autorité – soumission à l'autorité des anciens, tout en ayant une autorité sur l'assemblée pour accomplir les tâches nécessaires. Le terme *diakonos* fournissait un moyen d'exprimer cela tout en laissant place à une certaine souplesse quant à la nature des tâches précises que les diacres pouvaient entreprendre[19].

Comme vous pouvez le constater, la position selon laquelle *diakonos* signifie *assistant* se base sur des preuves linguistiques et contextuelles plus objectives que les positions plus vagues de serviteurs-dirigeants ou de service aux tables.

La nature de la relation anciens-diacres: les spécialistes ont beaucoup spéculé sur le type de relation existant entre les diacres et les anciens. Traduire le terme grec *diakonos* par *assistant* clarifie d'emblée la nature de la relation qui existe entre les deux groupes, *episkopoi* et *diakonoi*.

Il ne faudrait pas considérer à tort le rapport entre les évêques et les assistants comme étant de nature maître-serviteur. Les anciens ne sont pas les maîtres des diacres, et les diacres ne sont pas les domestiques des anciens, répondant à tous leurs caprices, désirs ou besoins. Mais si *diakonos* signifie assistant de l'évêque dans sa fonction officielle, cela justifie pleinement l'utilisation du terme *diakonos*, et traduit parfaitement la nature de la relation entre les deux fonctions.

Les diacres sont les représentants des anciens et agissent en leur nom au service de l'Église de Dieu. Il s'ensuit donc qu'ils doivent, au même titre que les anciens, être convenablement qualifiés, évalués et approuvés par l'Église. En tant qu'assistants des anciens et détenteurs d'un ministère dans l'Église, les diacres

---

19. Correspondance personnelle par courrier électronique avec l'auteur, 7 juillet 2016.

exercent une certaine mesure d'autorité officielle sur l'assemblée, mais toujours sous l'autorité des anciens.

4. Une traduction et une explication simples

Le titre «d'assistants» définit d'emblée qui sont les diacres et ce qu'ils font, sans avoir recours à des explications complexes ou des suppositions qui ne peuvent être démontrées bibliquement, telles que «serviteurs modèles», «serviteurs-dirigeants» ou «serveurs».

La thèse des diacres «assistants des évêques» répond à la plupart des questions concernant leur rôle, non pas de manière précise, mais en des termes génériques qui peuvent être adaptés à tout collectif d'anciens dans une Église locale. Il est difficile d'expliquer autrement l'usage de *diakonoi* pour désigner des responsables d'Église locale, ou encore leur rôle ou la nature de leur relation avec les anciens. La simplicité de cette interprétation du terme *diakonos* constitue un argument de poids en sa faveur.

Diacres ou assistants? Le terme *diacre*, comme celui d'*apôtre* (*émissaire*) – qui est également une transcription du grec *apostolos*, est un élément si habituel de notre vocabulaire ecclésial spécialisé que nous continuerons à l'employer dans ce livre. La plupart du temps, nous transcrirons *diakonoi* par le terme *diacres*, et parfois, dans nos deux passages clés, nous le traduirons par *assistants*. Nous traduirons toujours *apostoloi* par *apôtres* et non émissaires (ou ambassadeurs, messagers), car bien que cette traduction soit exacte, elle n'est pas usuelle. On ne parle pas des «douze émissaires» ou des «douze messagers» (bien que cela soit exact), mais des douze apôtres. De la même manière, nous utiliserons généralement la transcription classique *diacres* pour *diakonoi*.

5. La nécessité d'avoir des assistants officiels

Paul lui-même avait besoin d'assistants pour l'aider dans son œuvre missionnaire. Luc note que Timothée et Éraste étaient des « aides » ou « assistants » au service de Paul :

> Il envoya en Macédoine deux de ses aides [*diakonountōn autō*, « ceux qui l'aidaient »], Timothée et Éraste, et il resta lui-même quelque temps encore en Asie (Ac 19.22).

Un certain nombre de commentateurs et de traductions rendent la forme verbale grecque de *diakonos* dans ce passage par le mot « aides[20] ». Paul, ayant lui-même eu des assistants et s'étant occupé de différentes Églises, savait que les anciens avaient besoin d'assistants officiels.

Le Nouveau Testament souligne le dur labeur et l'effort que doivent fournir les dirigeants d'Église. De même que les douze apôtres s'appliquaient « à la prière et au ministère de la parole » (Ac 6.4), il y avait dans l'Église d'Éphèse des anciens qui « *[travaillaient]* à la prédication et à l'enseignement de la Parole » (1 Ti 5.17). Ces anciens diligents bénéficiaient grandement de l'aide d'assistants officiels pour porter le lourd fardeau pastoral de leur congrégation.

---

20. Joseph A. Fitzmyer, C. K. Barrett, Eckhard J. Schnabel, Simon J. Kistemaker, REB, NET, NLT, Phillips, Goodspeed; « his "deacons" or *ministers* » (Richard B. Rackham) ; « aides » (*NBS, NEG, PDV, BFC*). Agan soutient cependant que l'usage du terme « assistants » n'est pas approprié dans ce contexte. Il suggère que les termes « messagers » ou « coursiers » s'adaptent mieux au contexte des voyages et de la transmission d'un message : « ceux qui servent de porte-parole délégué ou qui effectuent des "missions" ou des "commissions" en son nom » (« Deacons, Deaconesses, and Denominational Discussions », p. 101).

Considérant l'autorité apostolique unique de Paul et son ministère stratégique d'implantation d'Églises, il est tout à fait possible (bien que l'Écriture ne le précise pas) qu'il ait instauré une fonction officielle dans l'Église pour fournir aux anciens des assistants qualifiés qui les aideraient dans la surveillance pastorale du troupeau de Dieu. Il est le *seul* auteur du Nouveau Testament à mentionner les assistants et à définir les qualités pour ce poste. Il avait reçu du Christ l'autorité pour établir une nouvelle fonction ecclésiale et pour lui attribuer le titre de *diakonoi*. Il a manifesté son soutien inconditionnel en utilisant ce titre et en réglementant les prérequis à cette fonction. Il n'existerait pas de ministère diaconal si Paul, apôtre de Jésus-Christ et enseignant des Églises de Philippes et d'Éphèse, n'avait pas approuvé et promu cette fonction.

LES DIACRES NE SONT PAS DES ANCIENS OU DES ENSEIGNANTS

Pour finir, je dois préciser que certains partisans de la thèse des «assistants d'anciens» appliquent mal cette interprétation en supprimant toute distinction notoire entre les anciens et les diacres. Par exemple, dans son commentaire sur les épîtres pastorales, Philip Towner plaide en faveur de la pleine «participation *[des diacres]* au ministère de l'enseignement et de la prédication[21]». Il affirme que :

> Nous devrions probablement percevoir la tâche des diacres comme étant celle d'assister les anciens (ou superviseurs) dans l'administration, la direction et l'enseignement de l'Église. La configuration à Éphèse semble consister en un groupe de

---

21. Towner, *The Letters to Timothy and Titus*, p. 262.

diacres (notez le pluriel) servant l'Église en tant qu'assistants soit d'un évêque (au singulier) soit d'une équipe d'anciens[22].

Au sujet de la capacité qu'un diacre doit avoir à diriger sa propre maison (v. 12), il poursuit en disant :

> La préoccupation au sujet de cette aptitude à diriger laisse à penser que les diacres accomplissaient, au service des évêques, des tâches de direction importantes, voire (si les évêques supervisaient un ensemble d'Églises de maison dans une localité) égales à celles des évêques, mais dans une sphère plus restreinte (l'Église de maison[23]).

De façon semblable, R. Alastair Campbell suggère que les diacres aient pu être les dirigeants de leur propre Église de maison, sous la supervision d'un évêque[24].

Mais si les diacres accomplissent les mêmes tâches que les anciens, ils remplissent – du moins en pratique – le rôle des anciens. L'existence de deux ministères semblables chargés chacun de l'enseignement et de la direction est une recette infaillible pour semer la confusion et générer des luttes de pouvoir, et ce, même si les diacres sont, en théorie, soumis aux anciens. Paul était un sage architecte (1 Co 3.10) qui connaissait bien la nature humaine et aurait compris qu'une telle configuration aurait été un désastre sur le plan de l'organisation, une source de conflit et de désordre. Il est peu probable que Paul ait instauré deux ministères chargés sensiblement des mêmes tâches.

---

22. Towner, *The Letters to Timothy and Titus*, p. 262 ; voir aussi I. Howard Marshall, *The Pastoral Epistles*, ICC, Édimbourg, T&T Clark, 1999, p. 487-488 ; Trebilco, *Early Christians*, p. 459, 523.
23. Towner, *The Letters to Timothy and Titus*, p. 267.
24. *The Elders*, p. 199-200.

Enseigner n'est pas requis

La qualité essentielle selon laquelle un ancien ou un évêque doit «être capable d'exhorter selon la saine doctrine et de réfuter les contradicteurs» (Tit 1.9) n'est pas requise des diacres. Ce n'est pas un oubli accidentel de la part de Paul. Faire des diacres des enseignants et des prédicateurs ne s'accorde pas avec la liste que Paul dresse des qualités requises d'eux, et ne fait que générer de la confusion. Il faut prendre au sérieux le fait que Paul ne mentionne pas ce prérequis si nous voulons comprendre son enseignement au sujet des diacres.

Les chercheurs qui soutiennent la thèse qui veut que les diacres doivent enseigner comme les anciens citent l'exigence de «[conserver] le mystère de la foi dans une conscience pure» (1 Ti 3.9) comme indication que les diacres sont appelés à enseigner et à prêcher de la sorte[25]. Mais cette interprétation est sans fondement dans les Écritures, comme nous l'expliquerons au chapitre 5.

En clair, l'exigence d'une «conscience pure» concerne le mode de vie du candidat. Un diacre ne peut pas être hypocrite. Sa vie, sa doctrine, sa foi et sa pratique religieuse doivent s'accorder entre elles ou être vécues avec une «conscience pure». Ceux qui assimilent les diacres à des responsables d'études bibliques, des enseignants ou des évangélistes ne font que générer plus de confusion à leur égard.

RÉSUMÉ

De nombreux éléments plaident en faveur de la thèse selon laquelle les diacres sont les assistants officiels des anciens. Étant donné que Paul n'a jamais précisé qui sont les diacres et ce qu'ils font, nous devons nous baser sur l'interprétation qui

---

25. Marshall, *The Pastoral Epistles*, p. 487-488; Towner, *The Letters to Timothy and Titus*, p. 262.

s'appuie sur le plus de preuves factuelles et qui présente le moins de difficultés.

Je suis parvenu à la conclusion que la thèse «d'assistants des anciens» est la meilleure interprétation, car elle fournit le plus de preuves objectives sur le plan lexical et contextuel, tout en impliquant le moins de conjectures possible. Je suis par ailleurs persuadé que cette thèse représente la meilleure approche puisque les autres positions sont peu satisfaisantes, impliquent trop de conjectures et ne peuvent ultimement être prouvées ni au point de vue contextuel ni au point de vue lexical. Une bonne partie de ce que je lis et de ce que j'entends dire au sujet des diacres s'appuie sur de simples affirmations et non sur des preuves ou sur une argumentation.

Dans le chapitre suivant, nous étudierons plus attentivement ce que les assistants des anciens peuvent faire pour les aider et leur permettre de se consacrer à nourrir et protéger le troupeau de Dieu.

POINTS CLÉS À RETENIR

1. Les quatre utilisations du groupe de mots en *diakon-* sont:
   (1) Service aux tables
   (2) Service domestique
   (3) Communication ou livraison
   (4) Représentant ou intermédiaire
2. De ces quatre usages possibles, la notion de représentant correspond le mieux à la description qui est faite des *diakonoi* dans 1 Timothée 3.8-13. Les diacres sont les assistants qualifiés et reconnus des anciens.
3. La traduction de *diakonoi* par «assistants» décrit qui sont les diacres et ce qu'ils font, sans avoir recours à des explications complexes ou des suppositions qui ne

peuvent être étayées bibliquement, telles que celle de « serviteur-dirigeant » par exemple. La simplicité de cette interprétation du terme *diakonos* constitue un argument de poids en sa faveur.

4. La nécessité pour les anciens d'être capables d'enseigner la Parole est un trait caractéristique qui les met à part des diacres.

5. Étant donné que Paul ne dit pas explicitement qui sont les diacres, nous devons nous baser sur l'interprétation qui s'appuie sur les meilleures preuves et qui présente le moins de difficultés. La thèse « d'assistants des anciens » est la meilleure interprétation.

CHAPITRE 4

AIDER LES ANCIENS À PRENDRE SOIN DE L'ÉGLISE DE DIEU

Depuis le deuxième siècle jusqu'à ce jour, beaucoup d'érudits et de responsables d'Église ont cru que l'origine des diacres était décrite dans Actes 6. Dans ce passage, les douze apôtres nomment sept responsables pour prendre soin des pauvres dans l'Église de Jérusalem. Luc décrit cet événement dans Actes 6.1-7 :

> En ce temps-là, le nombre des disciples augmentant, les Hellénistes murmurèrent contre les Hébreux, parce que leurs veuves étaient négligées dans la distribution qui se faisait chaque jour. Les douze convoquèrent la multitude des disciples, et dirent : il n'est pas convenable que nous laissions la parole de Dieu pour servir aux tables. C'est pourquoi, frères, choisissez parmi vous sept hommes, de qui l'on rende un bon témoignage, qui soient pleins d'Esprit Saint et de sagesse, et que nous chargerons de cet emploi. Et nous, nous continuerons à nous appliquer à la prière et au ministère de la parole. Cette proposition plut à toute l'assemblée. Ils élurent Étienne, homme plein de foi et d'Esprit Saint, Philippe, Prochore,

Nicanor, Timon, Parménas, et Nicolas, prosélyte d'Antioche. Ils les présentèrent aux apôtres, qui, après avoir prié, leur imposèrent les mains (Ac 6.1-6).

LES SEPT D'ACTES 6 ET LES ASSISTANTS DE 1 TIMOTHÉE 3

Le problème qui se pose quand on essaie de relier les Sept d'Actes 6 avec les diacres qui apparaissent ultérieurement est que ni Luc ni Paul ne font ce rapprochement. En fait, Luc ne donne pas de titre ou d'appellation, tel qu'aumônier ou serveur, aux Sept. Ce qui se rapproche le plus d'un nom dans son texte est « les Sept » (Ac 21.8). De plus, rien dans le passage de 1 Timothée 3.8-13 n'évoque le service aux tables ou la distribution de nourriture, alors que cela est prévalent dans le texte d'Actes 6. Comme nous l'avons démontré, Paul se sert du terme *diakonos* dans 1 Timothée 3 pour désigner les aides ou les assistants des anciens, et non les personnes servant aux tables.

Les Sept d'Actes 6 ont été spécialement choisis par l'assemblée et nommés par les Douze pour une seule tâche : le service aux tables. Cela signifie que les Sept devaient fournir une aide caritative aux nombreux membres démunis de l'Église (Ac 6.3)[1]. Mais dans le passage de 1 Timothée 3, Paul ne définit

---

1. Qu'Étienne et Philippe aient été des enseignants doués ne change rien au fait qu'ils ont été choisis par toute la communauté et affectés par les douze apôtres pour la tâche spécifique de servir aux tables (Ac 6.3). Le fait que les Sept aient été affectés au service aux tables ne les a pas empêchés d'exercer d'autres ministères pour lesquels ils avaient reçu un don, comme l'enseignement de la Parole ou la défense de la foi. Mais ces dons ne faisaient pas partie des critères de qualification mis de l'avant par les apôtres.

   Étienne et Philippe peuvent nous sembler surqualifiés pour le service aux tables, mais les douze apôtres eux-mêmes n'étaient-ils pas à la fois serviteurs de la Parole et serviteurs aux tables ? Le fait que la communauté ait choisi ces hommes doués et que les apôtres leur aient accordé ce mandat prouve combien la tâche de gérer le ministère de bienfaisance de l'Église

aucune tâche précise pour les *diakonoi*, les assistants des anciens. Comme le terme *assistants* l'indique, les diacres doivent accomplir les tâches qui leur sont données par les anciens afin de permettre à ces derniers de se concentrer sur leur charge de nourrir, conduire et protéger le troupeau de Dieu.

Cela étant dit, une des tâches indéniables confiées par la Bible aux anciens d'Église consiste – comme l'illustre de façon inoubliable le texte d'Actes 6 – à prendre soin des pauvres et des nécessiteux de l'Église, tâche pour laquelle tous les anciens ont constamment besoin d'aide[2].

Une tradition apostolique

Grâce aux écrits de l'Ancien Testament et aux enseignements du Christ, les apôtres et les premiers chrétiens savaient que subvenir aux besoins des pauvres n'était pas un ministère

---

était importante aux yeux des premiers chrétiens. La communauté a choisi ses meilleurs éléments pour prendre soin des plus petits.

Certes, Étienne et Philippe ont prêché, accompli des miracles, baptisé et ils ont fait face aux adversaires de la foi, mais devons-nous en conclure qu'il s'agissait là de tâches attribuées aux Sept qui servaient aux tables ou aux diacres qui sont apparus par la suite ? Philippe a baptisé de nouveaux convertis (Actes 8), mais *pas* dans le cadre de son rôle comme membre des sept responsables officiels de l'aide caritative dans l'Église. Cela faisait partie de son œuvre d'évangélisation, menée après son départ de Jérusalem.

En vertu des dons qu'ils avaient reçus de l'Esprit Saint, Étienne et Philippe ont prêché la Parole et accompli «des prodiges et de grands miracles parmi le peuple» (Ac 6.8 ; 8.6-8). La mission d'Étienne et de Philippe en tant que prédicateurs, enseignants, et le fait qu'ils aient accompli des miracles ne sont *pas* la conséquence de leur élection par la communauté ou de leur nomination par les apôtres, mais du don et de la direction du Saint-Esprit. Étienne et Philippe étaient à la fois des responsables de l'aide caritative par décision de la communauté, et des enseignants compétents de la Parole par décision de l'Esprit Saint. Ils étaient des hommes doués qui ont assumé plus d'une responsabilité et ils ont tenu plusieurs fonctions à la fois.

2. Pour une présentation détaillée d'Actes 6.1-7, voir « A Study of Acts 6:1-7 », < www.deaconbook.com ».

facultatif, mais une exigence biblique. Notre Seigneur affirma que l'Esprit Saint l'avait « oint pour annoncer une bonne nouvelle aux pauvres » (Lu 4.18). Beaucoup de gens pauvres se sont convertis en réponse à la prédication de l'Évangile. La pauvreté chronique était donc un défi majeur pour la quasi-totalité des Églises du premier siècle[3].

Le début du livre des Actes nous révèle que les douze apôtres étaient, à l'origine, responsables de la gestion de l'aide caritative ainsi que du ministère de la prédication et de l'enseignement de l'Église. Ils s'aperçurent rapidement que cumuler le ministère de la Parole et le service aux tables devenait un fardeau écrasant dont les effets négatifs se faisaient sentir sur les deux ministères. Ces contraintes ont conduit les Douze à établir des responsables du service aux tables pour gérer le ministère de bienfaisance, permettant ainsi aux apôtres de se concentrer sur la proclamation de l'Évangile et l'instruction des nouveaux croyants dans l'obéissance à tout ce que Jésus a prescrit (Mt 28.19,20).

Ce que les apôtres ont fait et dit au sujet du problème de la pauvreté et de la priorité qu'ils devaient, selon les instructions du Christ, accorder à la prière et à la Parole, a eu des répercussions dans l'Église primitive. Paul, les anciens d'Éphèse, ainsi que d'autres Églises nouvellement créées se sont intéressés à leur exemple lorsqu'ils ont été confrontés aux mêmes difficultés et aux mêmes problèmes.

Le récit d'Actes 6 intéressait sans doute particulièrement les anciens d'Église (plus encore que les diacres), parce qu'ils représentaient *le collectif de direction le plus similaire à celui des apôtres*[4]. Ce que les Douze ont dit au sujet de cette crise dans leur ministère (v. 2) et des priorités que Dieu leur avait données (v. 4) a donc

---

3. Ac 6.1 ; 11.27-30 ; Ro 15.25-27 ; 2 Co 8.1-5 ; 8.6 – 9.15 ; Ga 2.10.
4. Ac 15.2,4,6-29 ; 16.4 ; 21.17-25.

probablement influencé la pensée et les pratiques des anciens de l'Église primitive.

Dans un discours des plus concis, les douze apôtres ont énoncé à l'Église primitive les priorités de leur ministère :

> Les douze convoquèrent la multitude des disciples, et dirent : il n'est pas convenable que nous laissions la parole de Dieu pour servir aux tables (Ac 6.2).

> Et nous, nous continuerons à nous appliquer à la prière et au ministère de la parole (Ac 6.4).

Le discours des apôtres est en parfait accord avec l'insistance extraordinaire apportée par le reste du Nouveau Testament sur la prédication de la « Parole de Dieu » et l'enseignement de tous les croyants afin qu'ils observent tout ce que le Christ a prescrit. Le christianisme a été et demeure un mouvement basé sur la prédication et l'enseignement. C'est pourquoi les paroles des apôtres sont aussi pertinentes aujourd'hui qu'elles l'étaient au temps où elles ont été prononcées. Leur discours doit être répété, mémorisé et étudié par tous les pasteurs.

La Parole de Dieu crée, édifie, protège, fortifie, encourage et guide l'Église. Les priorités accordées par les apôtres à la « prière » et au « ministère de la Parole » devraient être celles de tous les anciens[5]. Les diacres aident au mieux les anciens quand ils leur permettent de se consacrer à l'importance suprême de nourrir, conduire et protéger le troupeau de Dieu par « la parole de la vérité, l'Évangile de votre salut » (Ép 1.13).

---

5. Ac 20.27-31 ; 1 Ti 3.2 ; 5.17,18 ; Tit 1.9.

Le ministère de bienfaisance à Jérusalem et à Éphèse

Il y a beaucoup de points communs entre le texte d'Actes 6.1-7 et la première épître à Timothée, parce que les deux passages traitent directement des ministères courants, mais fondamentaux, de l'aide caritative et de l'enseignement de la Parole dans l'Église locale. De même que l'Église de Jérusalem possédait une structure pour venir en aide aux veuves dans le besoin, l'Église d'Éphèse tenait une liste de ses veuves et avait un système en place pour leur apporter de l'aide (1 Ti 5.3-16). De plus, les anciens de l'Église d'Éphèse œuvraient avec diligence à la direction et à l'enseignement de l'Église (1 Ti 5.17,18).

Étant donné que pourvoir aux besoins des pauvres est une tâche particulièrement exigeante, constante, et qui nécessite beaucoup de temps, il est vraisemblable que les anciens d'Éphèse, tout comme les douze apôtres à Jérusalem, aient eu besoin d'une aide administrative pour prendre soin des veuves et des autres nécessiteux de l'Église, afin de pouvoir se concentrer plus efficacement sur la direction et l'enseignement de l'Église.

Le ministère de bienfaisance à l'époque post-apostolique

Nous voyons dans la littérature post-apostolique des trois siècles suivants que les diacres sont étroitement liés à l'aide caritative dans l'Église. Ils étaient impliqués régulièrement, mais pas exclusivement, dans la prise en charge des pauvres et des malades ainsi que dans la distribution de dons de charité[6]. À Rome d'ailleurs,

---

6. Les auteurs post-apostoliques tels qu'Irénée, Hippolyte, Cyprien, Jérôme et Augustin pensaient que les Sept désignés pour le service aux tables selon Actes 6 avaient été les premiers diacres. James Monroe Barnett, qui est méthodiquement remonté jusqu'au point de départ historique des diacres de l'Antiquité, énonce succinctement cette position: «Les pauvres et les personnes dans le besoin ont toujours représenté une préoccupation majeure de l'Église, et leur prise en charge constituait la responsabilité particulière

« l'œuvre sociale des diacres semble avoir été si vaste que des sous-diacres ont été nommés pour les assister[7] ».

À la fin du deuxième et au début du troisième siècle, les diacres sont devenus les assistants officiels de l'évêque (c'est-à-dire l'ancien ou le ministre[8]). Ils étaient les yeux et les oreilles des anciens. Pourtant, même en tant qu'assistants officiels de l'évêque, ils prennent part le plus souvent à la collecte d'offrandes pour les pauvres, font des rapports à l'évêque sur la santé des malades, et répondent aux besoins concrets des membres souffrants de l'Église[9].

Aujourd'hui encore, les diacres, dans toutes les dénominations chrétiennes, sont associés d'une manière ou d'une autre à la prise en charge des démunis[10]. Cette tradition de longue date trouve ses racines dans les pratiques historiques des premiers chrétiens et de leurs Églises locales.

Plus que des serveurs

Paul se trouvait à Jérusalem au moment de la nomination des Sept, et il était parfaitement au courant des événements d'Actes 6. Bien qu'il ait pleinement approuvé ce que les apôtres avaient fait, la solution qu'il propose pour soulager les anciens surchargés

---

des diacres» (*The Diaconate: A Full and Equal Order*, Harrisburg, Penns., Trinity, 1995, p. 65).

7. Peter Lampe, *From Paul to Valentinus: Christians at Rome in the First Two Centuries*, Minneapolis, Minn., Fortress, 2003, p. 127.

8. Le diacre est ordonné «au service de l'évêque, pour accomplir ce qui lui est commandé» (Geoffrey J. Cuming, *Hippolytus: A Text for Students*, Bramcote Notts, Royaume-Uni, Grove Books, 1976, p. 13).

9. *The Apostolic Tradition of Hippolytus* 24 ; *Shepherd of Hermas, Similitude* 9.26.2 [103.2] ; *Didascalia Apostolorum* 16, 18 ; *The Vision of Paul* 36 ; *The Constitutions of the Holy Apostles* 3.1.17, 3.3.19.

10. Les diacres dans l'Église catholique romaine «exerçaient un triple ministère équilibré et intégré: celui de la Parole, des sacrements et de la charité» (William T. Ditewig, *101 Questions and Answers on Deacons*, Mahwah, N. J., Paulist Press, 2004, p. 22).

va au-delà du modèle d'Actes 6. Contrairement aux responsables du service aux tables d'Actes 6, les *diakonoi* institués par Paul ne sont pas cantonnés au ministère de bienfaisance, même s'il est fort probable que l'aide aux pauvres et aux malades ait constitué une part très importante de leurs responsabilités.

En appelant les responsables mentionnés dans 1 Timothée 3.8-13 des *assistants* et non des serveurs, Paul leur donne la possibilité d'accomplir d'autres tâches exigeantes dans le but d'aider les anciens à « prendre soin de l'Église de Dieu » (1 Ti 3.5). L'aide d'assistants qualifiés et agréés ayant l'autorité d'accomplir les tâches déléguées par les anciens soulage ces derniers de certaines tâches exigeantes et les aide à se concentrer sur leur ministère premier : conduire et nourrir le troupeau de Dieu. L'affectation de tels assistants est en accord avec l'intention derrière la nomination des Sept pour le service aux tables dans l'Église de Jérusalem.

Des tâches fixées par les anciens

Les tâches spécifiques des diacres doivent être fixées par les anciens conformément aux besoins particuliers de l'Église, à sa taille et aux dons de ses membres. De toute évidence, les anciens ont besoin d'une aide continuelle pour effectuer les visites officielles à l'hôpital ou les appels téléphoniques, s'assurer que ceux qui ont été absents vont bien, gérer les dons de charité, distribuer l'aide aux démunis, aider les familles en détresse, rendre visite aux personnes âgées ou isolées et les protéger, s'occuper des finances, gérer les biens de l'Église et accomplir certaines tâches administratives. Dans une grande Église, chaque diacre peut être affecté à un domaine de responsabilité différent en fonction de ses dons spirituels et de ses centres d'intérêt.

Paul utilise la forme plurielle *diacres* dans 1 Timothée 3.8 et 12, ce qui signifie qu'il envisageait qu'il y ait plus d'un diacre pour aider les anciens. En ce qui concerne le nombre de diacres nécessaires, les anciens doivent le déterminer en fonction des besoins de l'Église et de ses anciens ainsi que de la disponibilité des personnes qualifiées. Dans certaines Églises, il se peut qu'une seule personne possède les qualités nécessaires pour le poste. Il est préférable d'avoir un seul diacre qualifié, plutôt que trois qui ne remplissent pas les critères bibliques.

D'abord les anciens, puis les diacres

Dans sa lettre à Tite, écrite à peu près au même moment que celle de 1 Timothée, Paul a décrit les qualités exigées des anciens responsables dans les Églises de l'île de Crète, mais n'a pas mentionné les diacres. Une des raisons possibles de cette omission est que, les Églises étant plus petites et nouvellement organisées, elles n'avaient pas encore besoin de diacres. Il fallait d'abord établir des anciens avant d'introduire des diacres. Dans une petite assemblée, les anciens peuvent réussir à remplir toutes leurs responsabilités pastorales eux-mêmes, sans avoir besoin de l'aide de diacres.

Un ministère de diacres réussi

Les bons bergers gèrent leurs ressources efficacement, et trouvent toujours de nouvelles façons d'améliorer la santé et la croissance de leur troupeau. De la même manière, les pasteurs consciencieux recherchent constamment des moyens innovants et créatifs pour progresser dans leur œuvre pour le Seigneur et pour mobiliser, organiser et encourager les autres dans leur travail pour le Seigneur.

Ainsi, la réussite d'un ministère diaconal dépend en grande partie d'un encadrement efficace par les anciens. Dans la mesure où de nombreuses questions concernant les diacres ne sont pas abordées dans l'Écriture, les anciens ont une grande marge de manœuvre dans la façon dont ils les dirigent et les emploient. Les anciens doivent utiliser la pensée créative et les habiletés organisationnelles que Dieu leur a accordées pour mettre à profit le ministère des diacres de façon efficace, sans quoi ces derniers vont se retrouver en difficulté et éprouver de la frustration envers les anciens.

TOUS SONT « SERVITEURS » DE L'ÉGLISE, SEULS CERTAINS SONT « ASSISTANTS » DES ANCIENS

Les diacres viennent en aide directement aux anciens en les soulageant de certaines tâches administratives et pastorales. Comme leur titre l'indique, ils sont des *assistants*. Du fait de leur fonction et de leur activité particulières, ils doivent remplir certains critères précis semblables à ceux des anciens. De plus, leurs qualités doivent être éprouvées publiquement par l'Église et ses dirigeants, et ils ne peuvent devenir assistants des anciens que s'ils sont trouvés irréprochables. Tous ceux qui servent dans l'Église n'ont pas forcément à posséder ces qualités particulières.

Il existe une certaine différence entre les assistants des anciens et d'autres responsables au service du corps qu'est l'Église. Tout responsable d'un ministère dans l'Église n'est pas nécessairement un assistant des anciens. Le corps ecclésial ne doit pas non plus être considéré comme entièrement constitué d'assistants des anciens, même si tous ses membres doivent œuvrer ensemble à l'édification de l'Église, sous la direction des anciens.

Quel que soit le point de vue d'une assemblée sur le rôle des diacres, une Église *doit faire la distinction* entre *tous* ceux qui servent dans l'Église et les *quelques personnes* qui servent l'Église en tant que *diakonoi* officiels et qualifiés. De plus, les pasteurs doivent déterminer précisément quelles tâches les diacres doivent réaliser et quelles tâches sont exécutées par d'autres personnes dans la congrégation. Si les responsabilités ne sont pas clairement délimitées, il y aura de la confusion et une organisation inefficace, ce qui engendrera inévitablement des conflits entre les membres.

Le ministère de chaque membre

Quand on considère le travail des diacres, il ne faut pas oublier que l'assemblée tout entière doit être un corps vivant et fonctionnel dont chaque membre, ayant reçu un don de Dieu, est responsable de la vie et de l'œuvre de l'Église. «L'œuvre du ministère» est l'œuvre de *tous* les saints (Ép 4.12). Nous ne pouvons séparer la doctrine de Paul concernant les anciens et les diacres de la doctrine de l'Église, qui est le corps vivant du Christ. La communauté chrétienne est véritablement une communauté fondée sur la relation entre les uns et les autres. Dans le corps du Christ, *chaque membre* a la responsabilité d'œuvrer en communion avec les autres en vue de l'édification du corps de Christ. Chaque membre est responsable d'aimer, d'encourager, d'exhorter, de servir, de réprimander, d'enseigner, d'édifier, de prendre soin, de porter les fardeaux et de prier pour chacun des frères et sœurs de la famille de Dieu[11].

Cela signifie que chaque membre de l'Église locale a un rôle à jouer pour que l'Église soit un corps fonctionnel et en bonne santé[12]. Cette doctrine est parfois appelée «ministère universel du

---

11. Ro 15.2,14 ; 1 Co 12.25 ; Ga 5.13 ; 6.2 ; Col 3.16 ; 1 Th 4.18 ; 5.11 ; Hé 3.13 ; 10.24,25 ; Ja 5.16 ; 1 Pi 4.10 ; 1 Jn 4.7.
12. Ro 12.4-8 ; 1 Co 12.1-30 ; 14.1-40 ; Ép 4.7-16 ; 1 Pi 4.10,11.

corps de Christ[13]». C'est une doctrine chrétienne passionnante et pertinente que nous devons toujours garder à l'esprit quand nous abordons le concept paulinien des diacres ou assistants. Comme le dit si bien un certain auteur: «Le fonctionnement du corps a besoin et dépend *tout autant* de ceux qui ne sont pas des dirigeants[14].»

Tout disciple du Christ est un «serviteur» (*diakonos*) du Christ (Jn 12.26) et doit se mettre «au service des autres» (1 Pi 4.10, *BDS*). Par conséquent, les diacres ne font pas tout dans l'Église. Les anciens, et même les diacres, doivent recruter et mobiliser les autres membres du corps pour qu'ils contribuent à accomplir les nombreuses tâches nécessaires à la croissance et à la bonne santé de l'Église. Comme le dit l'Écriture, c'est seulement grâce à «la mesure de force que chacune de ses parties a reçue» que «le corps tout entier tire sa croissance pour s'affermir dans l'amour» (Ép 4.16)[15].

Le travail des diacres sur le plan individuel et comme assemblée délibérante

Pour accomplir certaines missions telles que la distribution de ressources aux personnes dans le besoin, les diacres peuvent se retrouver en assemblée délibérante, seuls ou avec les anciens. La collecte et la distribution de dons de charité, par exemple, devraient toujours être gérées par plusieurs responsables agréés, de façon à protéger l'Église du risque de détournement de fonds ou de scandale[16]. D'autres missions telles que les visites à

---

13. John Stott, *The Living Church: Convictions of a Lifelong Pastor*, Downers Grove, Ill., IVP Books, 2007, p. 76.
14. Andrew D. Clarke, *A Pauline Theology of Church Leadership*, New York, Bloomsbury, 2008, p. 136.
15. Pour de plus amples informations sur la doctrine biblique du ministère universel du corps de Christ, voir «Every Member Ministry», < www.deaconbook.com >.
16. 2 Co 8.19-21.

l'hôpital, certains appels téléphoniques importants ou l'organisation d'événements, peuvent être déléguées à un seul diacre, en fonction des besoins et des circonstances. Là encore, il y a une grande souplesse dans la façon dont les diacres assistent les anciens.

CONFLIT ENTRE LES ANCIENS ET LES DIACRES

Les anciens et les diacres travaillent en étroite collaboration et partagent des responsabilités qui se recoupent. Il est donc inévitable (et fréquent) que certaines décisions et situations conduisent à un conflit entre eux. Mais l'Écriture nous donne des principes éprouvés pour parvenir à des relations de travail harmonieuses dans les situations difficiles[17].

Les anciens revêtus d'humilité et appliqués dans leur travail

Notre Seigneur a montré et enseigné un nouveau modèle de direction qui est radicalement différent des méthodes du monde. Ce modèle à l'image du Christ demande humilité, douceur, une attitude de serviteur et un amour rempli d'abnégation[18]. Pour cette raison, l'Écriture interdit aux pasteurs d'user de l'autorité que Dieu leur a donnée pour se comporter en tyrans envers ceux dont ils ont la charge (« non comme dominant sur ceux qui vous sont échus en partage », 1 Pi 5.3). Les anciens ne doivent pas se comporter en dictateurs ou imiter le comportement de Diotrèphe (3 Jn 9,10).

---

17. Pour une étude des principes bibliques sur la gestion des conflits, voir Alexander Strauch, *Si vous vous mordez et vous dévorez les uns les autres*, Éditions Impact, 2012).
18. Mt 20.25-28 ; 23.1-12 ; Mc 9.33-37 ; 10.42-45 ; Lu 22.24-27. Voir aussi Jn 13.13-17.

De plus, les anciens doivent, selon les critères bibliques, être «indulgents» et «pacifiques» et non pas «violents», «arrogants» ou «colériques» (1 Ti 3.3; Tit 1.7). Pierre, s'adressant à la fois aux anciens et aux membres plus jeunes de l'assemblée, exhorte chacun des groupes à agir avec humilité l'un envers l'autre s'ils veulent plaire à Dieu et travailler ensemble dans l'harmonie :

> De même, vous qui êtes jeunes, soyez soumis aux anciens. Et *tous*, dans vos rapports mutuels, revêtez-vous d'humilité; car Dieu résiste aux orgueilleux, mais il fait grâce aux humbles (1 Pi 5.5; italiques pour souligner).

Si les anciens d'une Église remplissent les critères bibliques et se revêtent d'humilité, il y aura moins de conflits. Et quand les conflits surgiront (ce qui ne manquera pas d'arriver), des attitudes et des comportements inspirés par ceux du Christ permettront aux anciens de faire face au désaccord de façon constructive.

Qui plus est, les pasteurs doivent faire preuve de diligence dans leur surveillance pastorale. S'ils sont paresseux, ineffi- caces, peu communicatifs, négligents ou désorganisés, ou s'ils donnent l'impression de se décharger de leurs responsabilités sur les autres, ils généreront de la frustration chez tous ceux qui servent sous leur responsabilité. Ils blesseront les autres et causeront du ressentiment et des conflits. Les anciens doivent être des modèles par leur direction sage, leur dur labeur[19] et leur capacité à déléguer efficacement. Ils doivent être de bons bergers du troupeau de Dieu, comme le Seigneur Jésus.

---

19. Ac 20.18-23,26-35; 1 Th 5.12; 1 Ti 5.17.

Les diacres revêtus d'humilité et appliqués dans leur travail

La position des diacres comme assistants des anciens doit se traduire par une attitude de service humble et aimante envers les autres. Ils doivent manifester le « fruit de l'Esprit » (Ga 5.22,23) et un comportement semblable à celui du Christ (Ph 2.3-5) s'ils veulent établir des relations harmonieuses avec les anciens et les autres personnes avec lesquelles ils travaillent. Parce qu'ils sont les représentants des anciens, qu'ils exercent une certaine autorité sur l'assemblée et qu'ils détiennent un titre officiel, ils peuvent être tentés de s'enorgueillir et d'avoir une trop haute opinion d'eux-mêmes (1 Pi 5.5).

Il est particulièrement important que les diacres prennent garde de ne pas être critiques envers leurs dirigeants et ne pas croire qu'ils détiennent une autorité supérieure à ce qu'elle est réellement. Les diacres ne constituent pas un conseil indépendant dans l'Église, qui contrôle et équilibre celui des anciens. Comme n'importe qui d'autre dans l'Église, les diacres doivent « obéir » et « se soumettre » à leurs dirigeants (Hé 13.17); ils doivent « avoir de la considération pour ceux qui travaillent parmi [eux] », avoir « pour eux beaucoup d'affection » et être « en paix » avec les anciens (1 Th 5.12,13).

Les diacres doivent également être appliqués dans leur travail et mener à bien leurs responsabilités. S'ils découragent ceux-là mêmes qu'ils sont censés aider, leurs rapports avec eux vont devenir tendus. Mais s'ils accomplissent correctement leur travail, ils seront une aide immense pour les anciens et contribueront fortement à la santé de l'Église locale. Qui plus est, les diacres qui « remplissent convenablement leur ministère s'acquièrent un rang honorable, et une grande assurance dans la foi en Jésus-Christ » (1 Ti 3.13).

Étant donné que les diacres assistent les anciens dans leur travail, ils doivent posséder certains traits de caractère semblables à ceux des anciens. Dans les quatre chapitres suivants, nous étudierons les qualités requises des diacres dans la Bible.

POINTS CLÉS À RETENIR

1. La nomination de responsables du service aux tables par les douze apôtres a fourni à Paul et aux premières Églises qu'il a implantées une référence apostolique pour justifier la nécessité d'instaurer une fonction officielle d'assistant des anciens dans l'Église (Ac 6.1-7).

2. Bien que la prise en charge des pauvres, des malades et des démunis dans l'Église constitue une des responsabilités fondamentales des diacres, il existe d'autres tâches exigeantes qui nécessitent l'aide particulière des assistants qualifiés des anciens.

3. Le fait d'avoir des assistants officiels pour aider les anciens permet un meilleur soin pastoral pour l'assemblée, protège les anciens du surmenage et leur permet de se concentrer plus efficacement sur leurs ministères de prière et de prédication de la Parole de Dieu (Ac 6.2,4).

4. Un certain nombre de questions concernant les diacres ne trouvent pas de réponse dans la Bible. De ce fait, les anciens bénéficient d'une grande marge de manœuvre dans la façon dont ils dirigent les diacres. Les anciens doivent faire preuve de créativité et d'habileté pour tirer le meilleur parti possible du ministère des diacres.

5. Les anciens et les diacres qui obéissent aux principes bibliques pour gérer les conflits peuvent œuvrer ensemble humblement et en harmonie.

TROISIÈME PARTIE

CRITÈRES DE QUALIFICATION, MISE À L'ÉPREUVE ET RÉCOMPENSES DES DIACRES

Les diacres aussi doivent être honnêtes, éloignés de la duplicité, des excès du vin, d'un gain sordide, conservant le mystère de la foi dans une conscience pure. Qu'on les éprouve d'abord, et qu'ils exercent ensuite leur ministère, s'ils sont sans reproche. Les femmes, de même, doivent être honnêtes, non médisantes, sobres, fidèles en toutes choses. Les diacres doivent être maris d'une seule femme, et bien diriger leurs enfants et leur propre maison; car ceux qui remplissent convenablement leur ministère s'acquièrent un rang honorable, et une grande assurance dans la foi en Jésus-Christ.

1 TIMOTHÉE 3.8-13

CHAPITRE 5

LES CRITÈRES DE QUALIFICATION DES DIACRES

– 1 Timothée 3.8,9 –

D ans une de ses lettres à un jeune ancien nommé Népotien,
Jérôme, auteur de la traduction de la Bible en latin, reproche
aux Églises de son temps (394 apr. J.-C.) d'accorder plus d'attention à l'apparence de leurs bâtiments qu'à la sélection adéquate
de leurs dirigeants :

> Nombreux sont ceux qui bâtissent des églises de nos jours ; leurs
> murs et colonnes sont en marbre étincelant, leurs plafonds scin-
> tillent d'or et leurs autels sont incrustés de joyaux. Mais aucune
> attention n'est accordée au choix des ministres du Christ[1].

C'est triste de constater la même attitude nonchalante envers
les critères bibliques de qualification des anciens et des diacres
existe dans nos Églises aujourd'hui. L'Écriture affirme pourtant
sans équivoque que Dieu se préoccupe au plus haut point non
pas des bâtiments et des programmes, mais des qualités morales

---

1. Jérôme, « Lettre 52 », dans *The Nicene and Post-Nicene Fathers*, 6, p. 94.

et spirituelles de ceux qui dirigent son peuple. C'est pour cette raison que les fonctions d'ancien et de diacre doivent être uniquement détenues par ceux qui remplissent les critères que Dieu a révélés dans l'Écriture.

LES DIACRES « DOIVENT ÊTRE… »

Dans sa première épître à Timothée, Paul fait la liste des critères requis pour devenir diacre. Pour introduire les cinq premières qualités (v. 8,9), Paul utilise le langage de la nécessité: «Les diacres aussi doivent être…».

L'adverbe «aussi» (v. 8) signifie «également» ou «de la même manière». Il introduit un nouveau groupe distinct de personnes, les *diakonoi*, que Paul compare au groupe précédent, les *episkopoi*.

Afin de mieux comprendre la structure grammaticale de ce passage, il faut noter que les mots «doivent être» au verset 8 n'apparaissent pas dans le texte grec du verset 8, mais doivent être reliés au verset 2 du texte grec:

> Verset 2: il faut donc que l'évêque soit (*dei… einai*) irréprochable. (*Dei* est le verbe qui introduit la nécessité; *einai* est l'infinitif du verbe «être».)

> Verset 8: les diacres aussi [*doivent être*] honnêtes. «Doivent être» (*dei… einai*) provient du verset 2.

Le sens du passage est clair: de même que les anciens «doivent» faire preuve de certaines qualités pour être admis à la «charge d'évêque» (1 Ti 3.1-7), les diacres également «doivent» faire preuve de certaines qualités pour remplir les conditions requises par leur fonction et leur travail (1 Ti 3.8-13). Les critères de qualification ne sont pas moins nécessaires pour un diacre que pour un ancien.

Paul fait ensuite la liste des qualités qu'un diacre doit avoir :

- Honnête (respectable)
- Éloigné de la duplicité
- Ne pas s'adonner aux excès de vin
- Éloigné d'un gain sordide
- Conservant le mystère de la foi dans une conscience pure

Le témoignage public de l'Évangile

Ce qui sous-tend les critères de qualification des anciens et des diacres, c'est l'intense préoccupation de Paul pour le témoignage public de l'Église locale et des vérités de l'Évangile manifestées aux yeux du monde incroyant qui l'observe[2]. Paul savait que le diable utiliserait toute faiblesse de la part des dirigeants de l'Église pour jeter l'opprobre sur l'image publique de celle-ci (voir versets 6 et 7). Par conséquent, pour protéger la crédibilité de l'Évangile et la réputation de l'Église locale de la dérision, Paul insiste pour que les anciens et les diacres soient «irréprochables», moralement et spirituellement.

Ainsi, les qualités que Paul mentionne ont pour but de protéger l'Église locale contre la présence d'anciens ou de diacres inaptes qui pourraient potentiellement jeter le discrédit sur la communauté de croyants. Ces critères ont aussi pour but de s'assurer que les dirigeants soient qualifiés et équipés pour prendre soin de l'Église de Dieu et la conduire. Nous allons à présent examiner les cinq premières conditions nécessaires, selon la Bible, pour être diacre. Les diacres dont il est question aux versets 8 et

---

2. Ph 2.15 ; Col 4.5,6 ; 1 Th 4.10-12 ; 1 Ti 3.7 ; 6.1 ; Tit 1.13 ; 2.5,8,10.

9 sont des hommes. Les femmes ne sont pas mentionnées avant le verset 11.

« HONNÊTES »

Dans l'œuvre pour le Seigneur, les traits de caractère moraux et la réputation d'un dirigeant sont essentiels pour mener à bien la tâche qui consiste à conduire le peuple de Dieu. C'est pourquoi tous les anciens doivent être « irréprochables » dans leur comportement et leur réputation (1 Ti 3.2 ; Tit 1.6). Il s'ensuit que ceux qui assistent officiellement les anciens doivent présenter les mêmes traits de caractère et la même réputation, ou, comme Paul l'écrit, être « honnêtes ».

De nos jours, le terme « honnête » peut signifier une personne modeste, qui s'habille décemment et se comporte de manière juste. Mais ce n'est pas le sens le plus adapté du terme grec (*semnos*) que Paul utilise ici. La traduction du terme *semnos* n'est pas évidente. Il décrit une personne dont les attitudes et le comportement gagnent l'admiration des autres. Il indique une personne respectable et respectée. La version *Segond 21* offre une meilleure traduction en utilisant justement le terme « respectable[3] ».

Timothée est un bon exemple d'une personne « respectable ». Luc écrit que « les frères [...] rendaient de lui un bon témoignage » (Ac 16.2). Le caractère de Timothée lui avait acquis une bonne réputation, ce qui est très louable chez un jeune homme. Cette qualité rendait Timothée apte à voyager avec Paul et à l'assister dans son œuvre missionnaire.

En tant que responsables très en vue dans l'Église, les diacres doivent être des modèles par leur caractère et leur mode

---

3. *Semnos* : « honnête » (*NEG*), « respectable » (*SG21*), « inspirer le respect » (*BDS*). « Digne de respect ou d'honneur, noble, respectable, sérieux » (*BDAG*, 919). Pour les autres usages de l'adjectif *semnos*, voir Ph 4.8 ; 1 Ti 3.8 ; Tit 2.2 ; pour la forme nominale, *semnotēs*, voir 1 Ti 2.2 ; 3.4 ; Tit 2.7.

de vie chrétiens. Les candidats à cette fonction doivent faire preuve d'un style de vie respectable afin d'être trouvés «irréprochables» (1 Ti 3.10) lors d'une évaluation publique par l'Église et ses dirigeants. Comme l'écrit un commentateur: «Ils doivent avoir un bon comportement, et que cela soit attesté par le *témoignage* public[4].»

Lorsque les douze apôtres ont spécifié les prérequis pour le choix des Sept préposés au service aux tables dans Actes 6, ils ont demandé que ceux qui seraient choisis soient des personnes «de qui l'on rende un bon témoignage» (Ac 6.3). «De qui l'on rende un bon témoignage» décrit une personne connue et bien vue par la communauté, une personne à qui l'on peut faire confiance pour prendre soin des veuves dépendantes de l'Église et pour gérer équitablement les dons de charité. Tout comme les douze apôtres, Paul se souciait de la réputation de ceux qui occupent une fonction officielle dans l'Église. En tant qu'assistants et représentants des anciens dans leur travail, les diacres doivent être «respectables».

Juste après cette exigence de respectabilité, Paul indique trois vices fréquents: le discours mensonger, l'abus d'alcool et la cupidité. Ces comportements immoraux sont particulièrement problématiques, car ils risquent d'entraîner une perte de respect de la part des chrétiens, mais aussi des incroyants. Considérez par exemple les personnalités politiques ou religieuses trouvées coupables de mensonge, connues pour leur consommation fréquente et excessive d'alcool, ou encore qui ont détourné des fonds publics ou caritatifs. Ces dirigeants corrompus ont jeté l'opprobre sur leur fonction, et ont perdu leur réputation et le respect du public. Quand des dirigeants d'Église mentent, détournent des fonds ou ont une dépendance à l'alcool ou à d'autres substances, ils

---

4. Richard B. Rackham, *The Acts of the Apostles*, Westminster Commentaries, London, Methusen, 1901, p. 83.

jettent l'opprobre sur le Seigneur Jésus-Christ et sur son Église. Ils ont oublié que Dieu appelle instamment son peuple à être saint comme il est saint :

> Comme des enfants obéissants, ne vous conformez pas aux convoitises que vous aviez autrefois, quand vous étiez dans l'ignorance. Mais, puisque celui qui vous a appelés est saint, vous aussi soyez saints dans toute votre conduite, selon qu'il est écrit : vous serez saints, car je suis saint (1 Pi 1.14-16).

« ÉLOIGNÉS DE LA DUPLICITÉ »

La première des nombreuses interdictions que Paul stipule est qu'un diacre doit être « éloigné de la duplicité ». Le terme « duplicité » ou « double parole » (*dilogos*) exprime l'idée de dire quelque chose à une personne et une chose différente à une autre personne. Cette qualité met l'accent sur l'intégrité de la parole et interdit expressément toute forme de langage hypocrite ou mensonger[5].

La duplicité détruit la confiance et sape la crédibilité d'un dirigeant. Par opposition, un discours sincère est le fondement de la confiance et favorise de bonnes relations de travail entre collègues. Bien que cette interdiction semble de moindre importance, un discours qui ne serait pas totalement honnête nuit aux relations. On peut le comparer à des mouches mortes dans une huile précieuse :

> Les mouches mortes infectent et font fermenter l'huile du parfumeur ; un peu de folie l'emporte sur la sagesse et sur la gloire (Ec 10.1).

---

5. « Duplicité » (*dilogos*) : « homme de parole », *BDS* ; « n'avoir qu'une parole », *SG21* ; « duplicité », *NEG* ; « hypocrite » (*BDAG*, p. 250).

La nécessité de cette première interdiction est probablement liée à la position de médiateur que les diacres occupent souvent entre les anciens et les personnes qu'ils aident au nom des anciens. Sous la pression, il peut être tentant de ne pas révéler toute la vérité, de masquer la vérité quand on s'adresse à certaines personnes, ou de penser qu'un « pieux mensonge » est acceptable. Et en cas de désaccord ou de conflit, certaines personnes peuvent tenter de plaire aux deux camps en disant une chose aux anciens et une autre aux personnes qu'elles aident. Ceux qui prennent des libertés avec la vérité, la falsifient, ou essaient de plaire à tout le monde seront immanquablement coupables de duplicité. Une telle personne n'inspire pas le respect et est un piètre témoin de « la parole de la vérité, l'Évangile de votre salut » (Ép 1.13).

Quand, par exemple, un célèbre pasteur a été inculpé de fraude fiscale et a été poursuivi en justice, les commentaires du procureur ont été cités dans un journal : « C'est un beau parleur ; peut-être qu'on ne parviendra pas à le faire reconnaître coupable. » Un pasteur – ou tout autre dirigeant d'Église – « beau parleur » est un témoin affligeant de l'Évangile et du Dieu de vérité : « Les lèvres fausses sont en horreur à l'Éternel » (Pr 12.22). Une langue trompeuse cache un esprit trompeur.

L'Écriture exhorte tous les croyants, de toute culture et en tout temps, à renoncer au mensonge. Nous devons nous parler selon la vérité, car nous sommes « membres les uns des autres » dans le corps de Christ :

> C'est pourquoi, renoncez au mensonge, et que chacun de vous parle selon la vérité à son prochain ; car nous sommes membres les uns des autres (Ép 4.25).

Se dire la vérité les uns aux autres peut ne pas être valorisé culturellement dans certaines sociétés. Sauver la face peut sembler plus important, même s'il faut pour cela mentir. Mais dans le corps de Christ, « renoncer au mensonge » et se dire « la vérité » honnêtement l'un à l'autre est la norme chrétienne du langage, même si cela nous met mal à l'aise ou va à l'encontre de la culture.

En tant que responsables dans l'Église devant manifester le caractère du Christ, les diacres doivent être reconnus pour l'intégrité de leur parole. Nos paroles ont des conséquences importantes, et Jésus nous a averti que « toute parole vaine *[que nous]* auron*[s]* proférée » sera un jour jugée par Dieu (Mt 12.36,37). Ainsi, Jésus nous tient responsables de nos paroles tout autant que de nos actes. Si l'on ne peut pas faire confiance aux paroles d'un diacre, il n'est pas digne de respect et n'est pas apte à aider les anciens à prendre soin de l'Église de Dieu.

« NE PAS S'ADONNER AUX EXCÈS DE VIN »

Il est inacceptable que les anciens ou les diacres de la maison de Dieu « s'adonnent aux excès de vin ». Cette seconde interdiction ne constitue pas une prohibition absolue de toute consommation d'alcool, mais de tout usage excessif de vin (et l'on pourrait ajouter, de toute autre substance) qui pourrait nuire de quelque manière que ce soit à la réputation d'une personne ou à son service pour Dieu. Cette interdiction va de pair avec les nombreux avertissements bibliques relatifs aux dangers potentiels du vin et des boissons fortes[6]. Par exemple :

6. Pr 20.1 ; 21.17 ; 23.20,21,29-35 ; 31.4,5 ; Éc 10.17 ; És 5.11,22,23 ; 28.7,8 ; Os 4.11 ; Ro 13.13 ; 1 Co 5.11 ; 6.9,10 ; 1 Th 5.7,8.

Le vin est moqueur, les boissons fortes sont tumultueuses;
Quiconque en fait excès n'est pas sage (Pr 20.1).

Pour qui les ah? pour qui les hélas?
Pour qui les disputes? pour qui les plaintes?
Pour qui les blessures sans raison?
Pour qui les yeux rouges?
Pour ceux qui s'attardent auprès du vin (Pr 23.29,30).

Dans Tite 2.3, Paul interdit aux femmes âgées de devenir «adonnées aux excès du vin». Il exprime la même idée ici en parlant des diacres. Ils ne doivent pas se retrouver esclaves du vin. «Car chacun est esclave de ce qui a triomphé de lui» (2 Pi 2.19).

La dépendance à l'alcool révèle que la personne n'a pas une vie contrôlée par l'Esprit Saint.

Un chrétien qui a un problème avec l'alcool marche selon la chair et non selon l'Esprit Saint (Ga 5.16-24), et représente un exemple déplorable de ce que devrait être un croyant en Christ. Toute dépendance altère le jugement d'un individu et son rapport à la réalité. La dépendance à l'alcool peut aussi conduire à d'autres péchés tels que l'hypocrisie, la colère incontrôlée, le mensonge ou la violence conjugale.

Qui plus est, l'abus d'alcool interfère avec la croissance d'un croyant dans la ressemblance au Christ et avec l'œuvre du Saint-Esprit dans sa vie. C'est pourquoi l'Écriture déclare:

Ne vous enivrez pas de vin: c'est de la débauche. Soyez, au contraire, remplis de l'Esprit (Ép 5.18).

Les dirigeants d'Église devraient prêter particulièrement attention à celui qui est secrètement alcoolique ou qui cache son alcoolisme (on l'appelle aussi «alcoolique fonctionnel»). Ne vous attendez pas à trouver un diacre alcoolique gisant en état d'ébriété dans la rue. Il est plus probable qu'il soit un alcoolique fonctionnel menant une double vie. Il peut être passé maître dans l'art de la dissimulation. Il peut très bien travailler fort toute la journée et sembler responsable, voire avoir du succès, mais être ivre à la maison en soirée. Il s'entêtera à nier sa dépendance et fera tout pour la cacher. Il peut même devenir agressif envers toute personne qui exposerait son problème, y compris sa femme ou ses enfants. La confrontation douce avec un alcoolique fonctionnel est difficile et déplaisante parce qu'il est prêt à se battre et à mentir pour protéger sa dépendance.

L'alcoolisme fonctionnel entraîne une détérioration des relations familiales, et jette l'opprobre sur l'Église et la fonction de diacre. Les gens se demanderont : « Comment peut-on permettre à cet homme d'être diacre alors qu'il a un problème d'alcool ? Pourquoi les anciens n'interviennent-ils pas ? » Dans la sainte famille de Dieu, une personne dépendante de l'alcool n'est pas « respectable » et n'est pas qualifiée pour tenir une fonction dans l'Église.

NE PAS ÊTRE ATTIRÉ PAR « UN GAIN SORDIDE »

La Bible nous met en garde à de multiples reprises contre le péché de cupidité, « car l'amour de l'argent est une racine de tous les maux » (1 Ti 6.10). Elle présente également de nombreux exemples de dirigeants ayant usé de la fonction et de l'autorité que Dieu leur avait accordées pour *obtenir* un gain financier aux dépens des autres[7]. Luc, par exemple, expose la disposition du cœur de nombre des responsables religieux que le Seigneur Jésus a rencontrés, les accusant d'être « très attachés à l'argent » (Lu 16.14, BDS). Jésus lui-même a accusé les pharisiens de « dévorer les

---

7. No 22 – 24 ; 1 S 2.13-17 ; 8.3 ; 2 R 5.20-27 ; Né 6.10-14 ; És 22.15-25 ; 56.9-11 ; Éz 22.25,27 ; Mi 3.11 ; Mt 21.13 ; Lu 11.39 ; Ac 8.9-24.

maisons des veuves» (Lu 20.47). Et le prophète Jérémie s'est lamenté de ce que «depuis le plus petit jusqu'au plus grand, tous sont avides de gain; depuis le prophète jusqu'au sacrificateur, tous usent de tromperie» (Jé 6.13).

Heureusement, l'Écriture fournit aussi des exemples de dirigeants honorables qui n'ont pas usé de leur position officielle, leur titre ou leur influence dans le but de dépouiller les fidèles de leurs biens matériels. Dans son message d'adieu à la nation d'Israël, Samuel, le prêtre et juge pieux, a déclaré qu'il n'avait pas abusé de sa position pour voler les biens du peuple:

> Et maintenant, voici le roi qui marchera devant vous. Pour moi, je suis vieux, j'ai blanchi, et mes fils sont avec vous; j'ai marché à votre tête, depuis ma jeunesse jusqu'à ce jour. Me voici! Rendez témoignage contre moi, en présence de l'Éternel et en présence de son oint. De qui ai-je pris le bœuf et de qui ai-je pris l'âne? Qui ai-je opprimé, et qui ai-je traité durement? De qui ai-je reçu un présent, pour fermer les yeux sur lui? Je vous le rendrai. Ils répondirent: tu ne nous as point opprimés, et tu ne nous as point traités durement, et tu n'as rien reçu de la main de personne (1 S 12.2-4).

Une interdiction à l'attention des dirigeants

Personne n'était plus exposé aux accusations potentielles de motivations cupides ou de recherche de profit personnel par l'Évangile que l'apôtre Paul. Dans ses lettres à Timothée et à Tite, Paul les met en garde contre les faux docteurs et leur amour de l'argent, manifesté dans leurs motivations matérialistes[8]. Dieu ne veut pas que ses serviteurs soient des chapardeurs cupides. La norme, selon Dieu, est que les anciens et les diacres se soucient de donner

---

8. 1 Ti 6.3,5-10; Tit 1.10,11; voir aussi 2 Pi 2.3,14-16.

plutôt que de gagner de l'argent. Comme Paul le rappelle aux anciens d'Éphèse :

> Je n'ai désiré ni l'argent, ni l'or, ni les vêtements de personne. Vous savez vous-mêmes que ces mains ont pourvu à mes besoins et à ceux des personnes qui étaient avec moi. Je vous ai montré de toutes manières que c'est en travaillant ainsi qu'il faut soutenir les faibles, et se rappeler les paroles du Seigneur, qui a dit lui-même : il y a plus de bonheur à donner qu'à recevoir (Ac 20.33-35 ; voir aussi Ph 4.17).

En tant qu'assistants des anciens, les diacres ont souvent accès aux dons de l'Église, et ne doivent donc pas être attirés par « un gain sordide ». Le mot grec utilisé ici (*aischrokerdēs*) est un terme fort qui met l'accent sur un gain honteux, vil ou frauduleux[9]. Par exemple, quand l'Église distribuait les fonds caritatifs à l'époque du Nouveau Testament, la plupart des dons se faisaient en argent liquide ou en biens matériels. Un dirigeant cupide pouvait aisément détourner de l'argent pour son propre profit. De nos jours, un diacre pourrait abuser de sa position officielle et de la confiance des gens pour accéder à leurs maisons, leurs comptes bancaires, leurs héritages ou leurs polices d'assurance pour s'enrichir. Par conséquent, afin de protéger l'Église et ses membres, un diacre ne doit pas être « attiré par un gain sordide ».

Une tentation importante

Pour certains, l'argent peut représenter une tentation plus forte que le sexe ou l'alcool. Nous ne pouvons donc pas rester naïfs à propos des tentations auxquelles les dirigeants d'Église sont

---

9. « Gain sordide » (*aischrokerdēs*) : « effrontément cupide, avare, friand de gain malhonnête » (*BDAG*, p. 29).

exposés. Voler les dons ou détourner les fonds de l'Église est un problème répandu. Même parmi les douze apôtres, il y avait un voleur. Judas faisait semblant de se soucier des pauvres, mais l'apôtre Jean révèle ses véritables motivations :

> Il disait cela, non qu'il se mettait en peine des pauvres, mais parce qu'il était voleur, et que, tenant la bourse, il prenait ce qu'on y mettait (Jn 12.6).

De nos jours, on entend trop souvent parler de responsables d'Église très en vue pris à détourner l'argent de l'Église. Dans certaines régions du monde, l'exploitation financière du peuple de Dieu par les dirigeants d'Église est généralisée[10]. Dans la plupart des cas, cependant, les responsables d'Église ne volent pas de l'argent liquide, mais détournent plutôt des fonds destinés à l'Église vers leurs prétendues «dépenses reliées au ministère» : repas, déplacements, vacances, activités sportives, réparations automobiles ou travaux sur leur maison. À moins qu'elle n'ait été validée par la communauté et ses dirigeants, une telle utilisation des fonds de l'Église représente un profit honteux et constitue une trahison de confiance. Cela revient non pas à servir le troupeau, mais à l'escroquer.

Les gens qui commettent ce genre de manigances financières sont souvent dépourvus d'une conscience pure ; ils se trompent eux-mêmes et se justifient constamment. Ils s'opposent à ce que leurs décisions et leurs pratiques financières soient remises en question par autrui. Ils volent sans remords. Ils sont corrompus moralement.

---

10. Sunday Bobai Agang, «Radical Islam Is Not the Nigerian Church's Greatest Threat,» *Christianity Today*, Mai 2017, p. 55-57 ; *The Cape Town Commitment : A Confession of Faith and a Call to Action*, Bodmin, Royaume-Uni, The Lausanne Movement, 2011, p. 55-57, 60.

Le fait d'avoir une pluralité de diacres et d'anciens permet d'intégrer un cadre de responsabilisation dans l'administration des finances de l'Église. Les croyants ne vont généralement pas donner à l'Église s'ils n'ont pas confiance dans l'intégrité de leurs dirigeants. Pour rendre des comptes et fournir une transparence authentique, il faut qu'il y ait toujours plus d'une personne chargée de la collecte et de la distribution des fonds de l'Église.

C'est pour cette raison que Paul, lorsqu'il a recueilli et apporté les offrandes provenant des Églises de non-juifs et destinées aux croyants pauvres de Jérusalem, a déclaré avec insistance qu'il avait, avec l'aide de ceux qui étaient avec lui, transporté et distribué l'offrande d'une manière «honorable» devant Dieu et devant le peuple. Il n'a pas recueilli et apporté l'offrande seul :

> Nous agissons ainsi, afin que personne ne nous blâme au sujet de cette abondante collecte dont nous avons la charge ; car nous recherchons ce qui est bien, *non seulement devant le Seigneur, mais aussi devant les hommes* (2 Co 8.20,21 ; italiques pour souligner).

« CONSERVANT LE MYSTÈRE DE LA FOI DANS UNE CONSCIENCE PURE »

Un diacre doit connaître les doctrines de la foi chrétienne, avoir la foi, tenir ferme dans la foi et vivre une vie cohérente avec le «mystère de la foi». Philip Towner résume parfaitement cette cinquième qualité des diacres :

Le critère de qualification stipule que l'adhésion du candidat à la foi (le fait de la «conserver») doit être incontestable, et que sa conduite doit être conforme à la foi qu'il professe[11].

L'expression «le mystère de la foi» est une formule paulinienne qui englobe les vérités caractéristiques de l'Évangile. Dans le Nouveau Testament, le terme «mystère» (*mystērion*) désigne le plus souvent un «secret révélé», un plan ou un dessein divin qui était auparavant caché et inaccessible, mais qui est ensuite révélé par Dieu et annoncé à tous ceux qui croient (voir en particulier Ro 16.25,26).

Dieu a fait de Paul son instrument particulier pour révéler les plans qu'il avait maintenus cachés jusque-là, et Paul a œuvré assidûment pour aider tous les croyants à «connaître le mystère de Dieu, savoir Christ, mystère dans lequel sont cachés tous les trésors de la sagesse et de la connaissance» (Col 2.2,3).

«Le mystère de la foi»

Quelle est donc la nuance particulière apportée par l'expression «le mystère de la foi»? La réponse se trouve dans l'objet du mystère, «la foi», qui fait référence ici à l'ensemble des doctrines chrétiennes inébranlables[12]. Nous trouvons aujourd'hui ces doctrines dans le Nouveau Testament. À Éphèse, les faux docteurs avaient dénaturé la foi, et il était donc impératif que les personnes occupant une position officielle d'autorité dans l'Église demeurent fermes dans la foi que Paul avait proclamée.

Ce critère de qualification pour les diacres est semblable à l'exigence selon laquelle les anciens doivent être «*[attachés]* à la vraie

---

11. Philip H. Towner, *The Letters to Timothy and Titus*, NICNT, Grand Rapids, Eerdmans, 2006, p. 264.
12. «La foi» (*pistis*): 1 Ti 1.19; 4.1,6; 5.8; 6.10,21; 2 Ti 3.8.

parole telle qu'elle a été enseignée» par les apôtres. Les diacres, au même titre que les anciens, doivent rester fidèles à la foi.

Vivre avec «une conscience pure»

Un diacre doit adhérer à la doctrine apostolique avec «une conscience pure». Dieu a donné à chacun la capacité de s'évaluer, une conscience ou une voix intérieure qui nous parle de ce que nous croyons être vrai ou faux. La conscience, c'est «la sensibilité intérieure d'une personne à la nature morale de ses propres actions[13]». Puisque la conscience juge et guide le croyant, il ne doit pas aller à l'encontre de cette voix.

Lorsque nous agissons d'une manière contraire à «la foi», et que nous ne cherchons pas le pardon et la correction de notre comportement, nous souillons notre conscience et cela constitue un péché. Chaque fois qu'un chrétien enfreint ce que lui dicte sa conscience, il affaiblit sa capacité à le convaincre et risque de succomber plus facilement au péché et à l'hypocrisie. Chaque croyant doit continuellement éduquer sa conscience pour qu'elle soit en accord avec les vérités de la Parole de Dieu et non avec les normes de la société profane.

Une personne qui conserve la foi dans une conscience pure est une personne dont la profession de foi s'accorde avec un comportement cohérent avec la foi. Comme l'explique un auteur: «Le chrétien conserve une conscience pure en vivant en accord avec les vérités révélées dans la Parole de Dieu[14].»

Le Nouveau Testament ne permet pas aux croyants de dissocier leur mode de vie de leur doctrine. Il exige une cohérence entre la foi et la pratique. Pourtant, certaines personnes qui se

13. J. N. D. Kelly, *The Pastoral Epistles*, BNTC, Londres, Adam and Charles Black, 1963, p. 47.
14. Lawrence O. Richards, *Expository Dictionary of Bible Words*, Grand Rapids, Zondervan, 1985, p. 187.

disent chrétiennes affirment adhérer à la doctrine orthodoxe, mais *manifestent* une façon de penser et un comportement peu orthodoxes. Au fil du temps, ils endurcissent leur conscience au point où ils ne sont plus convaincus de péché et de rébellion. Pour un chrétien, un tel décalage entre sa foi et son mode de vie est inacceptable. «Le mystère de la foi» n'est pas une philosophie abstraite déconnectée des comportements et des attitudes éthiques d'une personne au quotidien. Paul enseigne que «la pleine connaissance de la vérité» est «conforme à la piété» (Tit 1.1, *BDS*). Un diacre ne peut donc pas conserver «la foi dans une conscience pure» tout en vivant dans l'immoralité sexuelle, en volant l'argent des pauvres, en étant alcoolique, en haïssant son frère ou en mélangeant une fausse théologie avec les vérités de l'Évangile. Une doctrine orthodoxe doit aller de pair avec un comportement orthodoxe. Pour pouvoir prétendre à la fonction de diacre, un candidat doit tenir ferme dans «la foi» et avoir un mode de vie cohérent avec les doctrines de «la foi».

Les diacres n'ont pas l'obligation d'enseigner

Certains érudits affirment que le critère qui consiste à «conserver le mystère de la foi dans une conscience pure» indique que les diacres doivent enseigner[15]. Mais cette interprétation est peu probable, car les instructions de Paul à Timothée n'incluent pas d'indications concernant *l'enseignement* du mystère de la foi. Paul insiste plutôt pour qu'un diacre *conserve* la foi dans une conscience pure.

Le fait que les diacres n'aient pas à être «capables d'enseigner» n'implique pas qu'ils ne *puissent* pas enseigner.

---

15. I. H. Marshall, *The Pastoral Epistles*, ICC, Édimbourg, T&T Clark, 1999, p. 487-488. Towner, *The Letters to Timothy and Titus*, p. 262. Dieter Georgi, *The Opponents of Paul in Second Corinthians*, Philadelphie, Fortress, 1986, p. 29-32.

L'enseignement n'est simplement pas lié à leur fonction. Une personne occupant un poste de diacre peut évidemment participer dans l'Église à d'autres ministères qui se trouvent en dehors de ses responsabilités spécifiques de diacre. Dans une petite Église, les anciens comme les diacres doivent souvent accomplir diverses tâches qui ne sont pas directement liées aux responsabilités fondamentales de leur fonction. Ils doivent, comme on dit, « porter plusieurs chapeaux ».

La nécessité d'une mise à l'épreuve

Mais comment savoir si un candidat à la fonction de diacre croit et se comporte de manière cohérente avec la foi, s'il est digne de respect ou si, au contraire, il manque d'intégrité dans son discours, cache son alcoolisme ou se comporte en escroc cupide ? La réponse à ces questions se trouve dans l'établissement et l'observance du critère suivant :

> Qu'on les éprouve d'abord, et qu'ils exercent ensuite leur ministère, s'ils sont sans reproche (1 Ti 3.10).

POINTS CLÉS À RETENIR

1. Afin de préserver la crédibilité de l'Évangile et la réputation de l'Église locale de toute dérision publique, les anciens et les diacres doivent être « irréprochables » moralement et spirituellement.

2. Un diacre doit être une personne digne de respect. Son attitude et son comportement doivent avoir gagné le respect des autres.

3. Un diacre doit faire preuve d'intégrité dans son discours et de maîtrise de soi dans la consommation d'alcool.

4. Un diacre doit faire preuve d'intégrité financière. Nous ne pouvons rester naïfs quant aux tentations financières auxquelles les dirigeants d'Église font face. Le vol de dons ou le détournement des fonds de l'Église sont des problèmes fréquents.

5. Un diacre doit adhérer fermement aux vérités divines de la doctrine chrétienne et manifester l'Évangile en ayant un mode de vie en cohérence avec les dogmes de sa foi chrétienne.

CHAPITRE 6

UNE MISE À L'ÉPREUVE

– 1 Timothée 3.10 –

À l'Église de Valleyview, les diacres sont le comité de gestion de l'Église. Leur tâche principale est de prendre les décisions financières ou en rapport avec les bâtiments et l'équipement. Une fois par an, le pasteur invite tous les membres de l'Église à se réunir après le culte du dimanche soir pour choisir de nouveaux diacres. Tout le monde se rassemble autour du tableau blanc et le président du conseil des diacres demande s'il y a des nominations. Plusieurs noms sont suggérés et inscrits sur le tableau. Les membres présents (ils sont peu nombreux) votent ensuite pour que deux nouveaux diacres remplacent les deux dont le mandat de trois ans arrive à échéance. Une fois les votes comptabilisés, les diacres nouvellement élus entrent dans leur fonction, et le pasteur termine la réunion par la prière. L'ensemble de la démarche prend moins d'une heure.

En dehors de la prière de clôture, le pasteur et les membres n'ont pas prié pour les choix qui étaient faits, ne se sont pas penchés sérieusement sur les critères de qualification des diacres selon la Bible, et n'ont pas fait d'effort consciencieux pour évaluer si la moralité, la vie familiale ou le mode de vie de chaque candidat étaient en accord avec la foi. Des procédures aussi insouciantes manifestent un mépris – ou du moins une ignorance – des instructions précises et de l'autorité de l'Écriture, et affaiblissent considérablement nos Églises.

Les futurs diacres doivent être mis à l'épreuve

Dans le chapitre précédent, nous nous sommes penchés sur le passage de 1 Timothée 3.8,9, dans lequel Paul énonce cinq exigences pour les diacres :

- Honnête (respectable)
- Éloigné de la duplicité
- Ne pas s'adonner aux excès de vin
- Éloigné d'un gain sordide
- Conservant le mystère de la foi dans une conscience pure

Paul établit la nécessité d'une mise à l'épreuve immédiatement après avoir énoncé ces qualités :

Qu'on les éprouve d'abord, et qu'ils exercent ensuite leur ministère, s'ils sont sans reproche (1 Ti 3.10).

Les qualifications énoncées aux versets 8 et 9 resteront vides de sens si l'on ne prend pas en compte la nécessité d'évaluer si un candidat à la fonction de diacre possède ou non les qualités requises selon la Bible pour ce poste. L'admission à la fonction de diacre doit donc être précédée d'une évaluation et d'une validation par l'Église et ses dirigeants.

De plus, l'évaluation des qualifications d'un futur diacre doit être prise avec le même sérieux que celle d'un ancien (1 Ti 5.22-25). Le processus d'évaluation d'un candidat au poste de diacre, de même que celui d'un ancien, prend du temps et demande des efforts. Le fait que la fonction de diacre nécessite une évaluation et des qualités semblables à celles des anciens montre que le rôle des diacres est important, ce qui est logique quand on considère qu'ils sont les assistants des anciens.

« Et... aussi »

Le verset 10 commence par ces mots : « et que ceux-ci aussi [*les diacres*] soient premièrement mis à l'épreuve » (*Darby*). Les deux conjonctions « et » (*de*) et « aussi » (*kai*) relient la mise à l'épreuve des diacres et celle, sous-entendue, des anciens[1]. Ainsi, un candidat à la fonction de diacre, de même qu'un candidat au poste d'ancien, doit être d'abord mis à l'épreuve avant d'être admis à sa fonction. Toutefois, certains commentateurs nient le fait que « et... aussi » réfère aux anciens dont il est question dans les versets 1 à 7. Ils affirment que ces conjonctions ne font qu'ajouter des mesures de précaution nécessaires aux cinq qualités mentionnées dans les versets 8 et 9.

Bien que je préfère la première interprétation, les deux thèses soutiennent de toute évidence la nécessité d'une « mise à l'épreuve » des diacres préalable à leur entrée en fonction. Puisque la Bible énonce des traits de caractère requis pour les diacres, il s'ensuit nécessairement qu'un processus d'évaluation de la présence de ces qualités chez le candidat doit être mis en place.

« Qu'on les éprouve d'abord »

Le verbe grec traduit par « éprouver » ou « mettre à l'épreuve » (*dokimazō*) signifie « procéder à un examen critique de quelque chose, déterminer l'authenticité, mettre à l'épreuve, examiner[2] ». Dans la littérature grecque antique, *dokimazō* était parfois utilisé

---

1. Voir 1 Timothée 5.24,25.
2. *BDAG*, p. 255. Et aussi « de l'évaluation des candidats pour des tâches particulières dans la communauté chrétienne 1 Ti 3.10 », *BDAG*, p. 255.

pour évoquer l'examen des critères de qualification d'une personne pour une fonction publique[3]. Paul utilise ici le terme de la même manière pour indiquer qu'un candidat à la fonction de diacre doit être évalué formellement et publiquement afin de s'assurer qu'il remplisse bien les critères décrits aux versets 8, 9 et 12. De plus, le verbe grec « éprouve » est à l'impératif, donc la mise à l'épreuve du candidat n'est pas optionnelle. En fait, « c'est tout le processus d'évaluation étudié ici qui est obligatoire[4] ».

« D'abord... ensuite »

Prenons garde de ne pas négliger l'ordre des mots « d'abord » et « ensuite » qui est très important. Il faut suivre un ordre particulier pour devenir diacre, et l'évaluation du candidat vient « d'abord ». « Ensuite », si et seulement si l'issue du processus de sélection est positive, le candidat sera éligible pour servir comme assistant des anciens.

« Sans reproche »

Le second verbe principal, *diakoneō*, qui est traduit par « qu'ils exercent ensuite leur ministère », est la forme verbale du nom grec *diakonos*, utilisée ici dans un sens technique signifiant servir en tant que diacre ou assistant[5]. Toutefois, « qu'ils exercent ensuite leur ministère » est soumis à une condition qui doit être remplie avant de pouvoir servir en tant que diacre, et cette

---

3. Voir Ceslas Spicq, *TLNT* 1, p. 357 ; Walter Grundmann, « *dokimazo* », dans *TDNT*, 2, 256 ; Hermann Cremer, « *dokimazō* », dans *Biblico Theological Lexicon of New Testament Greek*, trad. W. Urwick, 1895, réimpr., Greenwood, C. S., The Attic Press, Inc., 1977, p. 699-700.
4. Philip H. Towner, *The Letters to Timothy and Titus*, NICNT, Grand Rapids, Eerdmans, 2006, p. 264.
5. « Qu'ils exercent ensuite leur ministère » (*diakoneitōsan*, de *diakoneō*) : « accomplir des tâches officielles, exercer un ministère » (*BDAG*), p. 229.

condition est résumée par l'expression «sans reproche»: «qu'ils exercent ensuite leur ministère, s'ils sont sans reproche[6]». En d'autres termes, l'évaluation du caractère et de la conduite du candidat selon des exigences bibliques n'a rien révélé qui puisse le disqualifier.

Être évalué et trouvé «sans reproche» ne signifie pas que le diacre n'a aucun défaut! Chacun de nous a des défauts de caractère, des singularités et des traits de caractère qui agacent les autres. Être trouvé «irréprochable» ou «sans reproche» est directement relié aux *qualités requises* pour le poste. Un diacre qui est trouvé «sans reproche» sur ce plan est digne de respect, honnête dans ses paroles; il fait preuve de maîtrise de soi dans la consommation de vin, a un mode de vie sain et une doctrine saine et il est un mari fidèle, un bon père et un gérant compétent de sa maison. Le psalmiste parle de telles personnes en ces termes: «Heureux ceux qui sont intègres dans leur voie» (Ps 119.1).

L'importance des diacres

On pourrait penser que les exigences pour la fonction de diacre n'ont pas besoin d'être aussi scrupuleusement respectées que celles pour les anciens. Mais il n'en est rien. Les ordonnances de Paul concernant les qualités morales et spirituelles des diacres prouvent qu'il les considérait comme un groupe de responsables important dans l'Église. Il ne souhaitait pas que la position et la fonction des diacres soient ignorées ou méprisées. L'évaluation des critères de qualification des diacres est tout aussi importante que celle des anciens. Cette exigence montre combien les diacres sont importants pour l'Église et pour ses anciens.

---

6. «Sans reproche» (*anegklētos*). Ce même mot est utilisé dans Tite 1.6 à propos des anciens. Il est synonyme de «irréprochable» (*anepilēmptos*) dans 1 Timothée 3.2, qui fait référence aux anciens. Donc les anciens et les diacres doivent tous être irréprochables.

Il est possible que les diacres d'Éphèse aient été considérés comme insignifiants à cause de l'enseignement des faux docteurs, qui revendiquaient fièrement une connaissance spéciale[7] ainsi que le statut éminent de docteurs. Ces pseudo-docteurs n'auraient certainement pas eu beaucoup de considération pour le rôle des diacres étant donné qu'ils étaient considérés non comme des enseignants, mais comme des subalternes des anciens. Mais en associant les diacres aux anciens (versets 1 à 7) et en leur attribuant des qualités semblables à celles des anciens (versets 8 à 12), Paul rectifie cette fausse conception de l'insignifiance du rôle des diacres.

Puisque le rôle des diacres est si important, un diacre inapte peut causer beaucoup de problèmes pénibles dans l'Église : il peut faire du mal à des innocents, déshonorer la réputation de l'Église et être un fardeau pour les anciens au lieu d'être une aide.

Les critères de qualification donnés par Dieu pour l'accès à la fonction de diacre protègent l'Église de diacres inaptes ou indignes. Et, au besoin, ces normes objectives permettent à l'Église et à ses dirigeants de retirer un diacre pécheur ou dysfonctionnel de sa fonction.

L'ÉVALUATION D'UN DIACRE EN VUE DU MINISTÈRE

Paul ne fournit pas un manuel de procédures pour évaluer, approuver et établir un candidat au poste de diacre. De même que le Nouveau Testament reste muet sur les procédures particulières pour administrer la sainte cène ou le baptême, il ne nous donne pas non plus de procédures détaillées pour évaluer un candidat au poste de diacre. Paul déclare simplement : « Qu'on les éprouve d'abord » (1 Ti 3.10).

---

7.   1 Ti 1.3-7,19,20 ; 4.1-3,7 ; 6.3-5,20,21.

À la différence du livre du Lévitique, le Nouveau Testament laisse une grande part de liberté pour la conduite de tels événements. Le détail des méthodes de sélection, d'évaluation, d'admission et d'établissement dans leurs fonctions des responsables d'Église est laissé à la discrétion de l'Église locale et de ses dirigeants. La taille de l'Église et le contexte culturel sont deux facteurs qui entrent en jeu dans le choix des méthodes particulières. Une Église de mille membres, par exemple, devra faire les choses différemment d'une Église de cinquante membres. Les Écritures ne prescrivent que 1) les critères de qualification des diacres, 2) la nécessité d'une évaluation par d'autres personnes et 3) l'avertissement d'éviter les nominations au ministère faites dans la précipitation (1 Ti 3.8-12; 5.22).

Timothée, responsable du processus d'évaluation

Le verbe traduit par « qu'on les éprouve » ou « soumis à un examen » (BDS) est à la forme impersonnelle, passive et à la troisième personne du pluriel[8]. Mais qui doit donc se charger de cette évaluation? Dans le cas de l'Église d'Éphèse en difficulté, Timothée, le représentant officiel (mais temporaire) de Paul, a très probablement supervisé le processus d'évaluation et d'admission d'un diacre ou d'un ancien à sa fonction. Timothée et Tite avaient tous deux reçu de Paul l'autorité pour prendre de telles décisions, pour « déclarer », « enseigner », « établir des anciens » et « reprendre avec une pleine autorité » (1 Ti 5.7; 6.2; Tit 1.5; 2.15; 3.8)[9].

---

8. I. H. Marshall écrit : « la forme impersonnelle et passive du verbe (*dokimazesthosan*) peut suggérer que c'est toute la communauté qui est visée (Roloff, p. 164; Ac 6.3); mais il est possible que les dirigeants en portent la responsabilité première », *The Pastoral Epistles*, ICC, Édimbourg, T&T Clark, 1999, p. 492).

9. Le commentaire de William D. Mounce sur l'identité de Timothée et de Tite mérite qu'on le répète : « Timothée et Tite se trouvent en dehors de

Mais Timothée n'aurait pas pu évaluer correctement un candidat au poste de diacre sans l'aide et le conseil de ceux qui connaissaient bien le candidat. De plus, il lui fallait respecter les anciens dans le choix de leurs assistants. Timothée a très probablement dû travailler en étroite collaboration avec les anciens et la communauté en les aidant dans le processus d'évaluation d'un candidat à la fonction de diacre ou d'ancien. Timothée a pris exemple sur le style habituel de Paul, à savoir le modèle du serviteur-dirigeant inspiré par le Christ, et n'aurait pas exercé son autorité sur l'Église de manière oppressive[10].

Les anciens sont responsables du processus d'évaluation

Quand le temps est venu pour Timothée (ou son successeur) de quitter l'Église d'Éphèse, les anciens ont dû prendre la direction pour sélectionner de nouveaux diacres, conjointement à la participation de l'assemblée. Il incombait désormais aux anciens d'amorcer et de superviser l'important processus qui consiste à trouver, former, évaluer, approuver et établir les nouveaux diacres dans leurs fonctions.

En tant que dirigeants de la congrégation, les anciens supervisent les prises de décision et la résolution de problèmes en proposant des recommandations et en s'assurant que tout se fasse «avec amour» (1 Co 16.14), avec «bienséance et ordre»

---

la structure ecclésiale. Ils ne sont ni évêques ni anciens, et ne sont pas membres de l'Église locale. Ils sont des délégués apostoliques itinérants, envoyés avec l'autorité de Paul pour régler les problèmes locaux [...] Il n'est jamais dit à Timothée et à Tite de s'appuyer sur leur position institutionnelle dans l'Église locale pour établir leur autorité ; ils s'appuient plutôt sur l'autorité de Paul et de l'Évangile», *Pastoral Epistles*, WBC, Nashville, Tenn., Nelson, 2000, p. lxxxviii).

10. 1 Co 4.21; 2 Co 1.23,24; 6.3-10; 10.1,8; 13.9,10; Ph 1.25; 1 Th 2.5-12; 2 Ti 2.24-26. Pour un exposé biblique sur le serviteur-dirigeant aimant, voir Alexander Strauch, *Diriger avec amour*, Trois-Rivières, Éditions Impact, 2007.

(1 Co 14.40) et en accord avec les bons principes de prise de décision en groupe[11]. De plus, ils instruisent l'assemblée sur la façon d'évaluer un candidat selon les critères bibliques et, surtout, ils protègent l'assemblée des perturbateurs et des conflits internes destructeurs.

Évaluation publique

L'évaluation et l'admission des anciens et des diacres sont l'une des plus importantes décisions qu'une communauté et ses dirigeants aient à prendre dans la vie de l'Église[12]. Évaluer les critères de qualification d'un candidat pour le poste de diacre fait partie de la responsabilité inhérente au fait de vivre ensemble comme membres de la famille de Dieu. *C'est pourquoi la communauté ne doit pas rester passive lors de l'évaluation de ses responsables.*

Puisque nous sommes une famille unie de frères et sœurs en Christ, chaque membre doit s'impliquer dans les décisions qui les affecteront tous. La fonction de diacre, tout comme celle d'ancien, est une fonction publique dans l'Église, et les exigences pour ce poste sont définies dans l'Écriture afin que toute la famille

---

11. Les décisions de groupe devraient se baser sur des principes bibliques explicites, des arguments raisonnés, une discussion ouverte et honnête, à une écoute de toutes les facettes d'un problème, peser le pour et le contre, une disposition à changer, une recherche de la sagesse commune du peuple de Dieu, des faits et des preuves, une intervention en cas de comportements inappropriés d'un membre en colère ou incontrôlable et la recherche de la meilleure décision. Le corps des anciens est un microcosme du corps plus grand qu'est l'Église; les anciens doivent donc utiliser les mêmes principes lorsqu'ils prennent des décisions ensemble. Enfin, il faut être conscient des dangers et des faiblesses inhérents à la prise de décision en groupe.

12. «Donc, ceux [*les anciens nouvellement désignés*] qui ont été nommés par eux [les anciens du commencement] ou, plus tard, par d'autres hommes honorables *avec le consentement de toute l'Église*» (*1 Clement* 44.3; italiques pour souligner). «C'est pourquoi, *nommez pour vous-mêmes* des évêques [*anciens*] et des diacres dignes du Seigneur» (*Didache*, 15.1; italiques pour souligner); voir aussi *The Epistles of Cyprian* in *The Ante-Nicene Fathers*, vol. 5 (5.4; 32.1; 64.3; 67.4,5).

de l'Église les connaisse et les applique. L'évaluation d'un futur diacre doit donc se faire en public, et non en privé par un petit groupe de personnes.

Dans ses lettres aux Églises – et c'est là un fait primordial – Paul s'adresse toujours à l'assemblée tout entière, ce qui inclut ses dirigeants (Ph 1.1). Il tenait la communauté et ses dirigeants responsables de s'édifier les uns les autres, de maintenir l'unité et de résoudre leurs problèmes internes. En raison de la relation étroite et réciproque qui unit l'assemblée à ses dirigeants, l'objectif devrait toujours être de parler et d'agir comme une famille unie de frères et sœurs[13].

Une chose est parfaitement claire dans le Nouveau Testament, et elle ne devrait souffrir aucune objection : dans l'Église, toutes les relations, les débats et les désaccords, même en cas de conflit sérieux et d'opinions opposées, doivent être marqués par l'amour du Christ, l'humilité, une attitude de serviteur, la douceur, un comportement pacifique, la prière et la fidélité à la Parole.

Ainsi, Dieu appelle la communauté à avoir de la « considération », « beaucoup d'affection », à « honorer », à « obéir » et à « se soumettre » à ses dirigeants (1 Th 5.12,13 ; 1 Ti 5.17 ; Hé 13.17, SG21), et avertit les anciens de ne pas dominer « sur ceux qui [leur] sont échus en partage » (1 Pi 5.3). Les dirigeants dont la pensée est façonnée par l'Écriture devraient avoir, comme tous les auteurs bibliques, une haute estime du peuple de Dieu qui est une « nouvelle création » en Christ (2 Co 5.17 ; Ga 6.15). Ceux que les anciens conduisent sont des « saints », des « prêtres », des frères et sœurs en Christ, et sont eux aussi des membres du corps de Christ. Les anciens, selon la Bible, ne sont pas des monarques dominant leurs sujets, ou des prêtres supérieurs aux laïcs. Ainsi, ils désirent sincèrement écouter et consulter

---

13. Ro 15.5,6 ; 1 Co 1.10 ; 2 Co 13.11 ; Ph 1.27 ; 2.2-5 ; 4.2,3 ; 1 Pi 3.8-12.

les autres membres du corps de Christ et de la famille de Dieu, et tirer profit de leur sagesse.

Cela requiert beaucoup de liberté et de communication ouverte entre les anciens et la communauté, entre les dirigeants et ceux qu'ils conduisent. Une bonne direction nécessite toujours une bonne communication avec ceux qui sont conduits. Malheureusement, trop de dirigeants d'Église sont peu doués pour la communication, et les communautés sont souvent trop passives. Il ne devrait pas en être ainsi !

Procédures et objections

On peut avoir recours à diverses procédures pour évaluer les critères de qualification d'un futur diacre. Quelles que soient les procédures utilisées, on doit permettre aux membres de la communauté d'exprimer librement leurs questions, leurs doutes ou leur accord concernant un candidat à un poste de diacre. Cela peut se faire soit verbalement, soit par écrit, comme dans le cas d'un sondage d'évaluation des diacres. Étant donné que la Parole de Dieu fournit des critères objectifs que tout le monde peut connaître, chacun a la responsabilité de s'assurer que les exigences divines pour les diacres sont suivies.

Les anciens doivent étudier toutes les objections ou accusations exprimées à l'encontre des traits de caractère d'un candidat, afin de déterminer si l'auteur des objections a raison ou non. Si l'objection ou l'accusation s'avère infondée, elle doit être rejetée. Dans la mesure où le verset de 1 Timothée 3.10 concerne l'évaluation du caractère d'un candidat selon les exigences décrites dans les versets 8 à 12, les membres de l'assemblée doivent limiter leurs objections à celles qui ont un fondement biblique. Une objection fondée bibliquement serait par exemple : « le candidat abuse de l'alcool », et non « je suis le vote de mes amis» ou encore «je n'aime tout simplement pas cette personne». C'est la Parole écrite de Dieu, et non les préférences personnelles ou les préjugés, qui doivent régir la maison de Dieu et ses dirigeants. Comme un commentateur biblique l'a écrit : «L'évaluation doit se baser sur les exigences bibliques, et non sur la personnalité ou le statut social ou professionnel d'un candidat[14].»

Pas de nomination hâtive

On ne devrait pas nommer de nouveaux anciens ou diacres de façon hâtive ou par surprise. On ne devrait pas envisager, pour le poste de diacre, quelqu'un qui n'est pas déjà un membre actif dans l'Église, ou qui n'est pas connu de l'assemblée. Et pourtant, nous entendons des histoires où des pasteurs ou des comités de diacres demandent à une personne qui ne fréquente l'Église que depuis quelques semaines de devenir diacre. De telles pratiques ne sont pas sages et transgressent directement l'avertissement de l'Écriture de ne pas nommer quelqu'un pour un poste ou lui imposer les mains avec précipitation :

> N'impose les mains à personne avec précipitation [...] Les péchés de certains hommes sont manifestes, même avant qu'on les juge, tandis que chez d'autres ils ne se découvrent que dans la suite. De même, les bonnes œuvres sont manifestes, et celles qui ne le sont pas ne peuvent rester cachées (1 Ti 5.22,24,25).

Paul fait référence ici à la nomination d'un ancien, mais le même principe s'applique également au poste de diacre. Personne ne devrait être nommé à un poste si l'Église n'a pas investi le

---

14. Andreas J. Köstenberger, « 1-2 Timothy, Titus », dans *Expositor's Bible Commentary*, vol. 12, éd. rév., Grand Rapids, Zondervan, 2006, p. 529.

temps et les efforts nécessaires pour évaluer correctement le caractère et les qualités d'un candidat. Évidemment, cela ne peut avoir lieu que si le candidat a servi dans l'Église depuis un certain temps et qu'il est connu de la communauté et de ses dirigeants. Une évaluation minutieuse mettra en lumière tout obstacle ou péché disqualifiant ainsi que tout point fort caché d'un candidat.

ÉTABLIR UN DIACRE DANS SA FONCTION

Une fois qu'un candidat a été accepté pour le poste de diacre, une certaine forme de reconnaissance publique s'impose. Les premiers chrétiens n'avaient rien contre la tenue de cérémonies simples et publiques à l'occasion de la nomination d'autres membres à des fonctions ou des tâches particulières[15]. C'est par l'imposition des mains que les Sept désignés pour le service aux tables ont été publiquement institués dans leur nouvelle fonction (Ac 6.6).

Du temps de Paul et de Timothée, la reconnaissance publique d'un nouveau diacre s'exprimait probablement par l'imposition des mains. Le verset de 1 Timothée 5.22 indique qu'au moment où les anciens ont été établis dans leur fonction, ils ont reçu l'imposition des mains. L'institution des diacres a pu se dérouler de la même manière.

L'imposition des mains (ou tout autre moyen que l'Église souhaite utiliser), en présence de la communauté, établit officiellement et publiquement un diacre dans ses fonctions. Cela communique au diacre nouvellement nommé le message suivant : « Tes responsabilités débutent officiellement aujourd'hui. Tu as l'autorité pour accomplir l'œuvre d'un diacre. Tu peux à présent utiliser le titre de "diacre". Tu as un travail important à

---

15. Ac 6.6 ; 13.3 ; 1 Ti 4.14 ; 5.22 ; 2 Ti 1.6.

accomplir.» Le message communiqué à l'assemblée lors de l'institution d'un diacre est celui-ci : «Voici un nouveau diacre qui vient aider les anciens à prendre soin de l'Église de Dieu. Cette personne a les qualités bibliques requises pour le poste et elle a reçu l'approbation de l'Église et de ses dirigeants.»

Réfléchissez bien et améliorez le processus

Dans tout ce qui a trait à l'évaluation, l'acceptation et l'établissement d'un responsable d'Église, nous devons suivre le principe biblique qui dit «que tout se fasse avec bienséance et avec ordre» (1 Co 14.40). Quelles que soient les procédures que vous utiliserez pour choisir, évaluer, approuver et établir un futur diacre dans ses fonctions, réfléchissez-y bien. Continuez à évaluer leur efficacité et à améliorer le processus. Vous pouvez toujours l'améliorer! Luttez contre la propension à être paresseux, irréfléchis ou irresponsables dans l'évaluation et la nomination de vos anciens et de vos diacres.

POINTS CLÉS À RETENIR

1. Le processus d'évaluation d'un candidat au poste de diacre nécessite du temps et des efforts, au même titre que pour un ancien.

2. Le verbe grec traduit par «éprouver» ou «mettre à l'épreuve» (*dokimazō*) signifie «procéder à un examen critique de quelque chose, déterminer l'authenticité, mettre à l'épreuve, examiner».

3. Il est de la responsabilité des anciens de mettre en œuvre et de superviser le processus essentiel qui consiste à trouver, former, évaluer, accepter et établir les nouveaux diacres dans leurs fonctions.

4. L'évaluation d'un futur diacre doit être une affaire publique, et non une décision prise en privé par un petit groupe de personnes. La communauté ne doit pas rester passive dans l'évaluation de ses responsables.

5. Continuez à affiner et améliorer vos procédures de sélection, d'évaluation, de formation, d'acceptation et d'institution des nouveaux diacres.

CHAPITRE 7

LES FEMMES

– 1 Timothée 3.11 –

Nous avons étudié les cinq critères de qualification pour la fonction de diacre mentionnés aux versets 8 et 9. Juste après ces versets, nous trouvons cette exigence de la plus haute importance : que les qualités nécessaires de tous les candidats au poste de diacre soient évaluées publiquement. Puis apparaît, de façon assez inattendue, une liste de quatre critères de qualification qui concernent certaines femmes : «[*Gynaikas*] de même, doivent être honnêtes, non médisantes, sobres, fidèles en toutes choses» (v. 11). Mais qui sont donc ces femmes (en grec, *gynaikas*) : les épouses des diacres ou certaines femmes occupant une fonction de responsable ?

Que ce passage concerne les épouses des diacres ou les diaconesses, je dois tout d'abord aborder cette question en précisant que l'Écriture enjoint à toutes les femmes chrétiennes de s'investir activement dans «l'œuvre du ministère et de l'édification du corps de Christ» (Ép 4.12). Au même titre que les hommes chrétiens, les femmes sont des prêtresses, des saintes et des servantes du Christ et de son peuple ayant reçu un don du Saint-Esprit. Elles jouent un rôle essentiel dans le ministère de l'Église locale et dans l'évangélisation du monde.

Par conséquent, même si le passage de 1 Timothée 3.11 ne concerne que les épouses des diacres, les femmes peuvent malgré tout s'investir dans des ministères importants de bienfaisance ou dans d'autres ministères dynamiques au sein de l'Église. Une femme n'a pas besoin d'être diacre pour participer aux ministères d'entraide et de bienfaisance ou pour faire partie d'un comité ayant pour but de servir les autres.

Cela m'amène à mentionner un sujet qui me tient beaucoup à cœur. Bien que ce livre affirme que les diacres sont les assistants officiels des anciens et que les femmes dont il est question dans 1 Timothée 3.11 sont les épouses des diacres, cela ne dévalue en aucun cas la contribution de la multitude de femmes diacres ou diaconesses qui ont investi leur vie au service de l'Église locale. Même si l'organisation d'une Église n'est pas parfaitement conforme à l'Écriture, les personnes qui servent avec abnégation en tant que diacres ou diaconesses sont, selon l'Écriture, des serviteurs du Christ qui rendent un grand service au peuple du Seigneur. Tout comme le Seigneur Jésus, ils aiment son Église et se donnent eux-mêmes pour elle. Ces paroles de l'Écriture leur sont adressées :

> Car Dieu n'est pas injuste pour oublier votre travail et l'amour que vous avez montré pour son nom, ayant rendu et rendant encore des services aux saints (Hé 6.10).

FEMMES, FEMMES DIACRES, DIACONESSES, AIDES, ÉPOUSES

L'un des problèmes que nous rencontrons immédiatement quand nous cherchons à interpréter le sens de 1 Timothée 3.11 est en lien avec le mot grec *gynē* (qui se prononce gunè). En grec, *gynē* est le terme habituel pour désigner une femme adulte ou une épouse.

Seul le contexte permet de déterminer si *gynē* doit être traduit par « femme » ou « épouse ».

De plus, Paul ne fournit aucun qualificatif, attribut ou article défini permettant d'identifier clairement les femmes auxquelles il fait référence. Ainsi, c'est au traducteur ou au commentateur d'ajouter un mot ou une phrase afin que le lecteur comprenne mieux qui sont ces *gynaikes* (*gynaikes* est la forme plurielle signifiant femmes ou épouses ; on la prononce gunaïkès). En outre, les traducteurs incluent généralement une note de bas de page faisant mention des autres interprétations possibles de *gynaikas*.

La version *Nouvelle Édition de Genève* traduit « les femmes, de même, doivent être [...] », alors que la *Bible du Semeur* choisit de traduire « Il en va de même pour les diaconesses », et ajoute en note de bas de page : « d'autres comprennent : *leurs femmes aussi doivent...* »

Gynē/Gynaikes

Gynē signifie « femme » ou « épouse ».

Gynaikes signifie « femmes » ou « épouses » (au nominatif pluriel).

Gynaikas signifie « femmes » ou « épouses » au verset 11, la forme est l'accusatif pluriel de *gynē*.

En raison de l'ambiguïté de la langue originale, il existe cinq points de vue sur l'identité des femmes dans ce passage de 1 Timothée 3.11.

1. Toutes les femmes chrétiennes de manière générale : cette position affirme que, bien que Paul fasse la liste des qualifications pour les hommes diacres, il s'interrompt au milieu du passage pour énoncer quatre traits de caractère que toutes les «femmes» de l'Église doivent posséder : «honnêtes, non médisantes, sobres, fidèles en toutes choses». Ceux qui défendent cette position affirment qu'il n'était pas rare que Paul fasse des apartés et s'interrompe dans le fil de sa pensée (par exemple dans 1 Ti 5.22-25).

2. Des femmes diacres : les partisans de cette position énoncent clairement ce qu'ils veulent dire. Ils insistent avec force sur le fait que, tout comme il existe des hommes diacres, le verset de 1 Timothée 3.11 présente des femmes diacres. Ces femmes sont sur le même pied d'égalité que les hommes diacres, et ils servent ensemble dans le même ministère. De ce fait, ces femmes devraient être appelées diacres, et non diaconesses ou aides. La version *Parole de vie* traduit le verset 11 par «les femmes qui sont diacres», affirmant explicitement que les femmes sont pleinement diacres.

3. Des diaconesses : le troisième point de vue soutient que les femmes dont il est question au verset 11 forment un troisième groupe de responsables dans l'Église, distinct de celui des hommes diacres, mais qui lui est semblable. Il y a donc les anciens, les diacres et les diaconesses. Les partisans de cette thèse utilisent souvent les termes «diaconesses» et «femmes diacres» de façon interchangeable, et nombreux sont ceux qui utilisent le terme «femmes diacres», mais veulent en fait dire «diaconesses», *un groupe distinct de personnes qui ne sont pas des diacres à part entière*. Il existe différentes variantes de cette position (qui souvent ne sont pas clairement formulées), mais généralement, ceux qui défendent cette position croient que les diacres sont des hommes et les diaconesses des femmes. Les diaconesses sont en premier lieu au service des femmes de l'Église.

4. Des aides ou des assistantes des diacres : les tenants de cette position réfutent que les femmes décrites dans 1 Timothée 3.11 soient des diacres ou des diaconesses. Ils affirment plutôt que ces femmes constituent un ordre distinct de femmes qui exercent leur ministère auprès des autres femmes, des pauvres et des personnes dans le besoin dans l'Église. Elles assistent les diacres, mais n'ont pas de titre officiel. On les nomme « aides », « assistantes » ou encore « femmes exerçant un ministère ».

5. Les épouses des diacres : cette position explique que lorsque Paul fait la liste des conditions nécessaires pour être diacre, il ajoute que les épouses des diacres doivent aussi remplir les qualifications adéquates. Tout comme leurs maris, elles doivent avoir certains traits de caractère : « honnêtes, non médisantes, sobres, fidèles en toutes choses ». La *Bible en français courant*, comme d'autres traductions, ajoute le pronom possessif « leurs » à *gynaikas* au verset 11 : « Leurs femmes aussi doivent être respectables. » Le pronom possessif « leurs » n'apparaît pas dans le texte original grec. Il est ajouté par les traducteurs qui interprètent ces *gynaikes* comme étant les épouses des diacres.

Bien qu'on puisse trouver d'excellents théologiens pour défendre à peu près chacune des positions ci-dessus, ma conclusion est que Paul fait référence aux épouses des diacres (voir la thèse 5). Afin d'éviter de nous enliser dans des arguments techniques et complexes en faveur de chacune de ces positions, je présenterai dans l'appendice les preuves de base qui démontrent que les *gynaikes* du verset 11 sont les épouses de diacres[1].

LES CRITÈRES DE QUALIFICATION

Pour des raisons de concision et de cohérence, j'évoquerai les quatre critères de qualification suivants à la lumière du point de vue défendu dans ce livre, à savoir que les femmes décrites au verset 11 sont les épouses des diacres. Toutefois, ces mêmes traits de caractère s'appliquent à tous les autres points de vue. Si les femmes dont il est question au verset 11 sont des diacres, des diaconesses ou des assistantes, ces exigences sont adaptées à leur entrée en fonction.

Respectables

La première qualité, « honnête » (*NEG*) ou « respectable » (*SG21*), est identique à l'exigence qui s'applique aux diacres dans 1 Timothée 3.8. Tout comme un diacre doit être « honnête » (ou « digne de respect »), sa femme doit être « honnête ». Dans le cadre de l'œuvre du Seigneur, le caractère moral et la réputation publique d'un responsable sont essentiels à l'accomplissement de sa tâche : conduire la maison de Dieu. Le qualificatif « honnête » décrit une personne dont les attitudes et la conduite gagnent le respect des autres.

La femme d'un diacre doit donc être une personne respectable, dont on dit du bien. Elle doit de plus avoir « une bonne réputation » (Ec 7.1), qui s'obtient par un caractère et un mode de vie saints. Il est évident qu'une épouse pieuse contribuera grandement à la réputation de son mari en tant que diacre. Elle aura une influence des plus importantes sur le développement de

---

1. Pour un examen approfondi des arguments en faveur ou à l'encontre des autres points de vue, voir « *Gynaikes* in 1 Timothy 3:11 », < www.deaconbook.com >.

son caractère à l'image du Christ et sur son œuvre dans l'Église. Comme le dit l'Écriture :

> Une femme vertueuse est la couronne de son mari, mais celle qui fait honte est comme la carie dans ses os (Pr 12.4).

> Une femme intelligente est un don de l'Éternel (Pr 19.14).

> Qui peut trouver une femme vertueuse ? Elle a bien plus de valeur que les perles. [...] Elle lui fait du bien, et non du mal, tous les jours de sa vie (Pr 31.10,12).

Non médisantes

Notre Dieu est le Dieu de la vérité et de la justice, tandis qu'une personne médisante ne s'inquiète ni de la vérité ni de la justice, mais cherche plutôt à rendre coup pour coup, à critiquer ou à déverser sa colère. Il n'est donc pas étonnant que les lois de l'Ancien Testament qui parlent d'une vie sainte interdisent la médisance et la haine :

> Soyez saints, car je suis saint, moi, l'Éternel, votre Dieu. [...] Tu ne répandras point de calomnies parmi ton peuple. Tu ne t'élèveras point contre le sang de ton prochain. Je suis l'Éternel. Tu ne haïras point ton frère dans ton cœur ; tu auras soin de reprendre ton prochain, mais tu ne te chargeras point d'un péché à cause de lui. Tu ne te vengeras point, et tu ne garderas point de rancune contre les enfants de ton peuple. Tu aimeras ton prochain comme toi-même. Je suis l'Éternel (Lé 19.2,16-18).

Le mot grec traduit par « médisantes » (*diabolous*), utilisé ici comme un adjectif, est le même mot grec qui désigne *le diable* (*diabolos*[2]). Tout comme le diable, dont Jésus a dit qu'il était «le père du mensonge» (Jn 8.44), une personne médisante répand des mensonges, des fausses rumeurs, des ragots malveillants et des insinuations, et peut causer des dégâts irréparables à long terme sur les relations et la réputation des autres. De nos jours, à travers les réseaux sociaux, les blogues, les forums de discussion et même les courriels, les personnes médisantes peuvent causer plus de tort que jamais. L'anonymat que procure l'Internet a incité d'autant plus les accusateurs et les critiqueurs à causer du tort à autrui.

Les personnes médisantes, celles qui propagent des «propos malveillants» (*BFC*), sont souvent dominées par la colère, la jalousie, l'amertume ou des blessures émotionnelles, et il est même possible qu'elles croient aux accusations et aux mensonges qu'elles propagent. Évidemment, les personnes médisantes nieront être des diffamateurs ou des commères. Elles justifieront leur comportement malveillant en affirmant posséder un discernement spirituel, «une parole du Seigneur», voire en proclamant qu'elles «professent la vérité dans l'amour». De telles personnes peuvent même penser avoir le «don de critique», bien qu'un tel don n'existe pas. Il n'est pas étonnant que Salomon ait écrit que «celui qui répand la calomnie est un insensé» (Pr 10.18).

Il est évident qu'un croyant ne peut inspirer le respect s'il ou elle a la réputation de répandre des ragots ou de faire de fausses accusations. L'Église locale ne peut être une communauté sainte si elle ne s'oppose pas à la haine et à la médisance, et si elle ne les condamne pas publiquement comme étant des péchés (1 Co 5.11-13).

---

2. Voir 1 Ti 3.6,7 ; 2 Ti 2.26.

L'épouse d'un diacre aura accès à des informations confidentielles concernant certaines personnes et leurs besoins, informations qui ne sont pas accessibles aux autres membres de l'assemblée. Si elle est médisante ou qu'elle propage des « propos malveillants », et qu'elle utilise des informations sensibles pour partir des rumeurs ou provoquer des conflits, elle portera un préjudice grave aux anciens, aux diacres, ainsi qu'à toute l'Église. Il est inévitable que dans de nombreux cas, les personnes visées par ses médisances soient les anciens et les diacres eux-mêmes (voir 1 Ti 5.19). Elle discréditera ainsi toute la direction de l'Église. Ainsi, de même qu'un diacre doit faire preuve d'intégrité dans son discours, sa femme le doit également. Elle ne peut être le genre de femme qui parle ouvertement en mal des autres.

Sobres

Très peu de choses restent secrètes dans le cadre de l'Église locale. Les gens connaissent les épouses des diacres et des anciens, et ils savent quelle influence – bonne ou mauvaise – elles exercent sur leurs maris et sur l'Église. L'épouse d'un diacre doit donc être « digne de respect », ne pas avoir la mauvaise réputation d'être médisante, et être connue pour être « sobre », c'est-à-dire de manifester un comportement stable et un bon jugement.

Le terme grec traduit par « sobre » (*nēphalios*) peut désigner soit la sobriété dans la consommation d'alcool, c'est-à-dire la « modération », soit, au sens figuré, la sobriété d'esprit, de comportement et de jugement. Si le terme est utilisé au sens figuré au verset 11 (ce qui a notre préférence[3]), il désigne une femme

---

3. Si les quatre exigences concernant les épouses des diacres dans 1 Timothée 3.11 ont pour but de refléter les cinq critères de qualification

stable, faisant preuve de maîtrise de soi, raisonnable, et qui n'est pas sujette aux excès débilitants. Bien entendu, toute consommation excessive d'alcool entre dans ce critère de qualification. Certains commentateurs pensent que les deux notions de modération, autant dans le jugement que dans la consommation d'alcool, sont incluses dans le terme.

L'épouse d'un diacre doit être raisonnable et faire preuve de modération à cause de la forte influence qu'elle exerce sur son mari. De plus, étant donné que les maris parlent souvent avec leurs femmes au sujet d'informations confidentielles concernant les membres de l'Église et leurs problèmes, l'épouse d'un diacre sera au courant de ces situations. Si elle ne fait pas preuve de maîtrise de soi et de modération dans ses jugements, elle peut avoir une influence négative sur les jugements et l'œuvre de son mari. De plus, elle nuira probablement à sa réputation dans la communauté.

Fidèles en toutes choses

Le dernier critère de qualification général donné par Paul pour les épouses des diacres n'a rien à voir avec le charme ou le talent

---

des hommes diacres aux versets 8 et 9, alors nous devrions traduire le terme grec pour « sobre » par « modéré », comme dans le cas de la modération dans la consommation d'alcool. Cependant, dans 1 Timothée 3.2, *nēphalios* est une vertu nécessaire à la fonction d'ancien. La meilleure traduction dans ce passage, en tenant compte du verset 3 qui suit, est « sobre » : un ancien ne doit pas être un « ivrogne ». Il est évident que Paul n'avertit pas les anciens à deux reprises concernant l'abus d'alcool.

De plus, le terme *nēphalios*, à la forme verbale ou comme adjectif, dans le Nouveau Testament, est toujours utilisé au sens figuré signifiant la modération dans la pensée ou le mode de vie. Voir la forme verbale *nēphō* dans 1 Th 5.6,8 ; 2 Ti 4.5; aussi dans 1 Pi 1.13; 4.7; 5.8 (*eknēpsate*, se dégriser; devenir sobre). Dans Tite 2.2, *nēphalios* concerne les vieillards; le même problème se pose ici sur la manière de traduire le terme (voir *New International Dictionary of New Testament Theology and Exegesis*, 2ᵉ éd., Grand Rapids, Zondervan, 2014, vol. 3, p. 390-391).

au travail, mais avec le fait d'être «fidèles en toutes choses». Le mot «fidèle» signifie ici «sur qui l'on peut compter», «fiable» ou «digne de confiance». L'épouse d'un diacre doit être une personne entièrement digne de confiance.

Nous pourrions nous attendre à ce que Paul dise que les épouses des diacres doivent être fidèles à Dieu ou à leurs familles. Au lieu de cela, il écrit «fidèles en toutes choses». Cela signifie qu'elles doivent être fidèles («dignes de confiance» ou «fiables») dans tous les domaines de la vie: dans leur attachement au Christ et à sa Parole, dans leurs devoirs envers leurs familles, dans leur témoignage auprès des voisins, dans toutes leurs relations, et dans toutes leurs responsabilités envers la famille de l'Église. Chaque aspect de la vie d'une épouse de diacre doit être marqué par la fidélité, le fait d'être digne de confiance et la fiabilité, de manière à ce qu'elle soit digne de respect et qu'elle puisse être une bénédiction pour toute l'Église.

En fin de compte, c'est une foi solide en Christ et dans l'Évangile qui suscite une vie de fidélité en toutes choses. Quand Paul écrit la première épître à Timothée, certaines femmes dans l'Église se sont déjà «détournées pour suivre Satan» (1 Ti 5.15). Elles n'étaient pas fidèles à l'attachement qu'elles professaient au Christ, à l'Évangile et à leurs frères et sœurs. Paul insiste donc sur le fait qu'une épouse de diacre doit être une personne sur qui l'on peut compter, fiable et digne de confiance dans tous ses engagements.

Les conditions nécessaires selon la Bible pour devenir diacre, qui concernent également leur épouse, démontrent encore à quel point Paul a une profonde considération pour la fonction de diacre. Paul cherche à ce que le rôle des diacres, les assistants subordonnés aux anciens, ne soit pas minimisé ou négligé ni par l'Église, ni par les anciens, ni par les diacres eux-mêmes. Ne sous-estimons pas l'importance des diacres pour l'Église locale, et prenons garde à ne pas donner une fausse image de la fonction et du rôle des diacres selon la Bible.

POINTS CLÉS À RETENIR

1. L'épouse d'un diacre doit être digne de respect. Elle doit être le genre de femmes dont l'attitude et la conduite suscitent la considération des autres.

2. L'épouse d'un diacre ne doit pas être médisante. Elle ne peut en aucun cas propager des rumeurs, faire de fausses accusations, rabaisser les gens ou jeter constamment un blâme sur eux, d'autant plus qu'elle est au courant de certaines informations confidentielles.

3. L'épouse d'un diacre doit être sobre et faire preuve de maîtrise de soi. Elle doit avoir un bon jugement, manifester un comportement constant et être libre de tout excès débilitant.

4. L'épouse d'un diacre doit être une personne sur qui l'on peut compter, fidèle, fiable et digne de confiance dans son caractère ainsi que dans tous ses engagements envers Dieu, sa famille et l'Église.

CHAPITRE 8

LE MARIAGE, LES ENFANTS ET LA MAISON

– 1 Timothée 3.12 –

Les questions conjugales et familiales revêtaient une importance cruciale dans le bien-être spirituel et la survie des premières Églises chrétiennes. Les questions familiales jouaient également un rôle fondamental dans le témoignage des croyants au sein d'une société qui se méfiait déjà de ceux qu'on appelait «chrétiens». De ce fait, les chrétiens qui avaient une situation conjugale et domestique stable contribuaient à détourner les critiques en montrant que les chrétiens représentaient un bienfait et non une menace pour la société. De plus, avoir une famille respectable rendait le message de l'Évangile bien plus attirant pour les incroyants.

Au vu de tous ces facteurs, il fallait donc que les responsables d'Églises locales aient une famille exemplaire. Paul insiste donc pour que les anciens et les diacres soient sans reproche sur le plan de leur vie conjugale et familiale:

> Les diacres doivent être maris d'une seule femme, et bien diriger leurs enfants et leur propre maison (1 Ti 3.12).

« Maris d'une seule femme »

Tout comme les anciens, les diacres doivent être « maris d'une
seule femme ». Cette formule, et celle qui lui est apparentée,
« femme d'un seul mari », apparaissent quatre fois dans le
Nouveau Testament, et uniquement dans la première épître à
Timothée et dans l'épître à Tite. Faisant référence aux évêques
dans 1 Timothée 3.2, Paul insiste pour que « l'évêque soit irréprochable, mari d'une seule femme ». Dans Tite 1.5,6, Paul utilise la
même phrase au sujet des anciens :

> ... que, selon mes instructions, tu établisses des anciens dans
> chaque ville, s'il s'y trouve quelque homme irréprochable, mari
> d'une seule femme.

À nouveau, en parlant des diacres, Paul écrit dans
1 Timothée 3.12 :

> Les diacres doivent être maris d'une seule femme [*miás gynai-
> kos andres*].

Quand il parle des veuves en 1 Timothée 5.9, Paul utilise la
même tournure au féminin :

> Qu'une veuve, pour être inscrite sur le rôle, n'ait pas moins
> de soixante ans, qu'elle ait été femme d'un seul mari [*henos
> andros gynē*].

La phrase « mari d'une seule femme » est constituée de trois
mots grecs (*miás gynaikos andres* ; 1 Ti 3.12). Il existe un désaccord concernant le sens de cette formule de trois mots, parce
qu'elle est ambiguë et n'apparaît que dans les versets cités plus
haut. Certains commentateurs interprètent cette phrase comme

voulant dire qu'un diacre ne peut avoir qu'une seule épouse au cours de sa vie, même après le décès de sa première épouse. D'autres considèrent que la phrase interdit à une personne polygame d'accéder à un poste de responsable dans l'Église. Une autre interprétation écarte de la fonction d'ancien ou de diacre un homme divorcé, puis remarié. D'autres encore pensent que la phrase implique qu'un ancien ou qu'un diacre doit être marié[1].

Cette formule rare et inhabituelle est déroutante et difficile à interpréter avec certitude. Mais en éliminant les points de vue qui contredisent l'enseignement biblique général sur le mariage (par exemple la thèse interdisant à un diacre de se remarier après le décès de son épouse) et en interprétant la phrase en tant que vertu conjugale au sein de la liste des critères de qualification pour les responsables d'Église et les veuves, nous pouvons parvenir à une réponse satisfaisante.

Fidélité conjugale

La qualification « mari d'une seule femme » est très probablement une formule idiomatique de Paul insistant sur la vertu de la fidélité dans le mariage, le mariage étant défini par Paul et par Jésus-Christ comme l'union d'un homme et d'une femme qui forment alors « une seule chair » (Mt 19.4-6 ; Ép 5.31,32).

La formule aborde le comportement d'un candidat envers son épouse, voire envers toutes les femmes, et sa réputation dans ce domaine. L'expression recouvre « le fait d'être dévoué uniquement à son épouse[2] ». Il s'agit d'une « qualité morale qui est

---

1. Pour une étude approfondie des différentes interprétations possibles de la phrase « mari d'une seule femme », voir « Husband of one wife », < www. deaconbook.com >.
2. Sidney Page, « Marital Expectations of Church Leaders in the Pastoral Letters », *Journal for the Study of the New Testament* 50, 1993, p. 113-114.

manifeste actuellement[3] ». À la question : « Quel genre d'homme est candidat à la fonction ? », certains érudits répondent par cette formule : « C'est le genre d'homme qui n'a qu'une seule femme[4]. » L'accent est mis sur le caractère du responsable manifesté dans sa fidélité et son dévouement à sa femme.

Même en n'étant légalement marié qu'à une seule femme, un ancien ou un diacre peut avoir la réputation d'être un coureur de jupons, et ne peut donc pas être considéré comme le « mari d'une seule femme ». Tout homme impliqué dans une infidélité conjugale, vivant en concubinage ou se comportant comme un coureur de jupons est inapte à un poste de responsabilité dans l'Église.

Nous pouvons nous demander pourquoi Paul n'a pas écrit d'emblée « un mari fidèle », ou détaillé plus clairement que le diacre *ne* devait être ni adultère, ni polygame, ni divorcé et remarié. Cette question peut s'appliquer à toutes les interprétations possibles de la formule « mari d'une seule femme ». Quelles qu'aient été ses raisons, il est évident que Paul était parfaitement conscient de l'importance fondamentale, pour la santé spirituelle de l'Église et son témoignage, que les relations de ses dirigeants avec leurs épouses soient « sans reproche », ni douteuses, ni scandaleuses.

Il faut bien préciser que cette formule constituée de trois mots ne peut, à elle seule, répondre à toutes les questions complexes fréquemment soulevées sur le divorce et le remariage des anciens et des diacres. Beaucoup de questions pénibles et controversées ne trouvent pas leur réponse dans cette exigence d'être le « mari d'une seule femme ». Ces questions doivent être abordées avec la perspective de l'enseignement complet de l'Écriture sur le

3. Page, « Marital Expectations of Church Leaders in the Pastoral Letters », p. 113-114.
4. Ed Glasscock, « "The Husband of One Wife" Requirement in 1 Timothy 3.2 », *Bibliotheca Sacra* 140, juillet-septembre 1983, p. 250-252. Voir aussi William D. Mounce, *Pastoral Epistles*, WBC, Nashville, Tenn., Thomas Nelson, 2000, p. 170-173.

mariage, le divorce, le remariage, le pardon, la grâce et la restauration – ainsi qu'en prenant en compte les instructions bibliques sur l'exemple que doivent donner les dirigeants, l'éventail complet des conditions requises pour être ancien ou diacre, ainsi que leur aptitude morale et spirituelle pour ce poste.

Que l'on parvienne ou non à un accord sur le sens précis de la formule « mari d'une seule femme », un ancien ou un diacre se doit d'être sans reproche dans sa relation conjugale, telle qu'elle est définie par les enseignements de toute l'Écriture sur la sexualité et le mariage.

Dieu a conçu le mariage

Le mariage tel que Dieu l'a voulu est un concept absolument magnifique. Grâce aux trois premiers chapitres de Genèse et aux enseignements de notre Seigneur, nous savons que le mariage a été institué par un Dieu bon en vue de la bénédiction et du bonheur de l'humanité. Dieu a créé l'homme et la femme dans la race humaine, et il a conçu le mariage comme une relation unique où les deux deviennent une seule chair. Dès le commencement, le Créateur a prévu que le mariage soit :

- une relation d'union monogame et hétérosexuelle entre un homme et une femme qui deviennent une seule chair (Ge 2.18-25 ; Mt 19.4-6) ;
- une relation d'alliance sacrée dont Dieu lui-même est le témoin (Ma 2.13-16 ; Mt 19.6) ;
- une union permanente (Mt 19.6 ; Ro 7.2) ;
- une union sexuelle en vue de la procréation de la race humaine et du plaisir intime que l'homme et la femme éprouvent dans une relation d'amour (1 Co 7.2-5) ;

- une relation exclusive avec laquelle «aucune autre relation humaine ne peut interférer[5]» (1 Th 4.2-8 ; Hé 13.4) ;
- une relation symbolique de la relation entre Jésus-Christ et son Église (Ép 5.25-32).

Dans son livre *God, Marriage, and Family: Rebuilding the Biblical Foundation* (Dieu, le mariage et la famille : reconstruire les fondements bibliques), Andreas J. Köstenberger définit le concept biblique du mariage ainsi :

> La meilleure description du concept biblique du mariage est celle d'une alliance, un lien sacré institué par Dieu entre un homme et une femme, et dans lequel ils entrent sous le regard de Dieu (que cela soit reconnu ou non par le couple). Ce lien est normalement consommé lors de la relation sexuelle[6].

Le problème de l'infidélité conjugale et des pratiques perverses

Mais quand le péché est entré dans le monde (Ge 3), le mariage a été l'une des premières victimes. C'est là que la guerre des sexes (Ge 3.16), l'infidélité conjugale, et toutes les pratiques sexuelles perverses imaginables, y compris l'inceste (voir Lé 18), ont commencé. En fait, la destruction du mariage des responsables d'Église est une des stratégies clés dans la guerre interminable que Satan livre contre le peuple de Dieu[7].

La société gréco-romaine, dans laquelle l'Évangile de Christ s'est répandu en premier, était marquée par une infidélité conjugale généralisée, qui portait préjudice aux premiers chrétiens.

---

5. Andreas J. Köstenberger, *God, Marriage, and Family: Rebuilding the Biblical Foundation*, 2ᵉ éd., Wheaton, Ill., Crossway, 2010, p. 78.
6. Köstenberger, *God, Marriage, and Family*, p. 78 (traduction libre).
7. Par exemple, dans l'Ancien Testament, quand un petit groupe d'Israélites est revenu à Jérusalem après soixante-dix ans d'exil, certains d'entre eux se sont mariés avec des païens idolâtres. Pire encore, les dirigeants d'Israël

C'est pourquoi les auteurs du Nouveau Testament ont averti de manière répétée les croyants, afin qu'ils ne se conforment pas aux pratiques sexuelles perverses et aux infidélités conjugales du monde[8]. Paul donne aux chrétiens d'Éphèse cet avertissement solennel :

> Que la débauche, ni aucune impureté, ni la cupidité, ne soient pas même nommées parmi vous, ainsi qu'il convient à des saints. Qu'on n'entende ni paroles grossières, ni propos insensés ou équivoques, choses qui sont contraires à la bienséance ; qu'on entende plutôt des actions de grâces. Car, sachez-le bien, aucun débauché, ou impur, ou cupide, c'est-à-dire idolâtre, n'a d'héritage dans le royaume de Christ et de Dieu (Ép 5.3-5).

Les membres du peuple de Dieu doivent être des exemples vivants du dessein divin d'unité conjugale et de pureté sexuelle. Les interdits bibliques portant sur toute transgression des

---

ont été les premiers à violer l'interdit divin de se marier avec des idolâtres : « et les chefs et les magistrats ont été les premiers à commettre ce péché » (Esd 9.2). Esdras, réformateur qui connaissait très bien les Écritures, a répondu à cette désobéissance ouverte aux lois conjugales divines par une des plus merveilleuses prières de confession et de repentance dans la Bible, en plaidant pour le pardon de Dieu : « Lorsque j'entendis cela, je déchirai mes vêtements [...] et je m'assis désolé. Auprès de moi s'assemblèrent tous ceux que faisaient trembler les paroles du Dieu d'Israël, à cause du péché des fils de la captivité [...]. Puis, au moment de l'offrande du soir, je me levai du sein de mon humiliation, avec mes vêtements et mon manteau déchirés, je tombai à genoux, j'étendis les mains vers l'Éternel, mon Dieu, et je dis : Mon Dieu, je suis dans la confusion, et j'ai honte, ô mon Dieu, de lever ma face vers toi ; car nos iniquités se sont multipliées par-dessus nos têtes, et nos fautes ont atteint jusqu'aux cieux. [...] Quoique tu ne nous aies pas, ô notre Dieu, punis en proportion de nos iniquités, et maintenant que tu nous as conservé ces réchappés, recommencerions-nous à violer tes commandements et à nous allier avec ces peuples abominables ? [...] Nous voici devant toi comme des coupables, et nous ne saurions ainsi subsister devant ta face (Esd 9.3-6,13-15).

8. Ro 13.13 ; 1 Co 5 ; 6.9-11 ; 7.1-5 ; 10.8,9 ; 2 Co 12.21 ; Ga 5.19 ; Ép 5.3-7 ; Col 3.5 ; 1 Th 4.3-7 ; Hé 12.15,16 ; 13.4 ; 1 Pi 2.11 ; 4.3-5 ; 2 Pi 2.14 ; Ap 2.14,20,21 ; 9.21 ; 21.8 ; 22.15.

préceptes de notre Dieu saint relativement au mariage et à la sexualité ont pour but de protéger le peuple de Dieu de la terrible misère humaine qu'engendre le péché sexuel et conjugal. De plus, un mariage qui honore Dieu favorise la santé mentale, émotionnelle et spirituelle des enfants et contribue à les protéger des nombreux dangers de ce monde.

C'est pour ces raisons que l'état des mariages et des familles des anciens et des diacres est de la plus haute importance pour Dieu et pour le bien-être de l'Église locale. Afin de protéger l'Église, Dieu a établi des exigences conjugales spécifiques pour les anciens et les diacres. C'est pourquoi l'Église locale doit insister pour que ses dirigeants remplissent le critère «mari d'une seule femme» avant et pendant leur ministère. Si l'assemblée et ses dirigeants n'imposent pas cette exigence, l'Église locale amorcera une descente inexorable vers des pratiques conjugales et sexuelles non conformes à l'Écriture.

« BIEN DIRIGER LEURS ENFANTS ET LEUR PROPRE MAISON »

La dernière condition requise pour être diacre stipule qu'il soit capable de diriger correctement ses enfants et sa maison. L'état spirituel de chaque famille de l'Église locale a un impact important sur celui de la grande famille de Dieu, l'Église locale. Si les familles des anciens et des diacres sont dysfonctionnelles, l'Église dans son ensemble sera également dysfonctionnelle et offrira un piètre témoignage aux yeux de la société.

Un père qui dirige bien ses enfants

Un père chrétien ne doit pas rester passif, se désintéresser de ses enfants ou négliger leurs besoins: «L'enfant livré à lui-même fait honte à sa mère» (Pr 29.15). Il doit subvenir aux besoins financiers, émotionnels, physiques et spirituels de ses enfants. Il doit se préoccuper de leur éducation et de leur croissance spirituelle et y contribuer. Par-dessus tout, un père chrétien doit s'investir pour établir de saines relations avec ses enfants.

Elton Trueblood porte un juste regard sur l'importance de ce critère de qualification :

> Quel que soit le degré d'intérêt qu'un homme porte à son travail dans le monde, cet intérêt ne peut pas normalement être égal à celui qu'il porte à sa famille. En effet, pour la plupart d'entre nous, le travail ne pourra jamais représenter un enjeu plus important que la vie de famille. Nous pouvons changer d'associés au travail, nous pouvons quitter un mauvais emploi, mais nous ne pouvons pas changer *d'enfants*. Si nous perdons la bataille dans le domaine professionnel, nous pouvons toujours tenter notre chance à nouveau, mais si nous perdons dans la relation avec nos enfants, cette perte sera terrible et malheureusement *définitive*[9].

Dans ce monde pécheur, les enfants ou les parents parfaits et sans problèmes n'existent pas. Nous sommes tous des pécheurs imparfaits qui ont constamment besoin d'être conduits et aidés par Dieu. Étant donné que «la folie est attachée au cœur de l'enfant» (Pr 22.15), même les meilleurs parents sont confrontés à des problèmes et des difficultés avec leurs enfants. L'exigence qu'un diacre soit un père qui dirige «bien» ses enfants n'est pas une demande de perfection. Ce critère désigne plutôt un père qui s'engage activement à guider ses enfants convenablement et avec sagesse à travers les luttes, les échecs et les difficultés de la vie, dont certaines peuvent être graves.

---

9. Elton Trueblood, *Your Other Vocation*, New York, Harper and Row, 1952, p. 82.

Direction, instruction et discipline des enfants

Dans le contexte des responsabilités paternelles et domestiques, le terme «diriger» regroupe les notions de conduire et de prendre soin[10]. Paul fait référence à la conduite du foyer par un père chrétien, et non au type de direction que l'on rencontre habituellement dans l'armée, les entreprises ou le gouvernement. Cette responsabilité concerne spécifiquement le rôle paternel qui consiste à «gérer» et à «conduire» ses enfants ou à en «prendre soin» de façon compétente et pieuse. Dans le texte, l'accent est mis sur l'adverbe «bien», que l'on peut aussi traduire par «de façon compétente» ou «de façon experte».

Dans le sage dessein de Dieu pour la famille, le père joue un rôle central dans l'encouragement, l'instruction et la discipline de ses enfants.

> Et ces commandements, que je te donne aujourd'hui, seront dans ton cœur. Tu les inculqueras à tes enfants, et tu en parleras quand tu seras dans ta maison, quand tu iras en voyage, quand tu te coucheras et quand tu te lèveras (De 6.6,7).

> Et vous, pères, n'irritez pas vos enfants, mais élevez-les en les corrigeant et en les instruisant selon le Seigneur (Ép 6.4).

> Pères, n'irritez pas vos enfants, de peur qu'ils ne se découragent (Col 3.21).

---

10. William D. Mounce fait remarquer que:
    Cette double nuance, diriger et prendre soin, est présente quand Paul demande comment quelqu'un qui ne sait pas diriger sa propre maison pourrait bien *epimeleisthai*, «prendre soin», de la maison de Dieu (1 Ti 3.5). Les dirigeants ne doivent pas être des autocrates; ils sont des serviteurs-dirigeants, selon le modèle enseigné par le Christ, qui était le chef (*ho hēgoumenos*) serviteur (*ho diakonōn*); Lu 22.26 (*Pastoral Epistles*, WBC, Nashville, Tenn., Thomas Nelson, 2000, p. 178).

Vous savez aussi que nous avons été pour chacun de vous ce qu'un père est pour ses enfants, vous exhortant, vous consolant, vous conjurant de marcher d'une manière digne de Dieu, qui vous appelle à son royaume et à sa gloire (1 Th 2.11,12).

D'ailleurs, *[puisque]* nos pères selon la chair nous ont châtiés, et *[que]* nous les avons respectés (Hé 12.9).

Les enfants ont constamment besoin d'être enseignés, guidés, protégés, disciplinés, et de recevoir beaucoup d'amour et de valorisation. Un père chrétien doit être un père pédagogue qui saisit toutes les occasions d'instruire ses enfants dans l'Évangile et la façon chrétienne de vivre. Il doit vivre la foi chrétienne sous le regard de ses enfants et ne pas être un religieux hypocrite. Il doit faire en sorte que ses enfants grandissent en aimant et en révérant le Seigneur. S'il est assidu, ses enfants et lui-même en tireront un grand profit: «Un fils sage fait la joie d'un père» (Pr 10.1).

De plus, un père chrétien doit faire preuve de discipline, mais il ne doit pas user de son autorité paternelle d'une façon qui suscite inutilement la colère ou la frustration chez ses enfants. Quand il corrige son enfant, un père dirigé par l'Esprit Saint doit toujours manifester «le fruit de l'Esprit» et non «les œuvres de la chair» (Ga 5.19-23). En résumé, il doit être un père à l'image du Christ.

Il ne doit pas être un père tyrannique qui obtient la soumission par une discipline de fer ou des règles de vie déraisonnables. Dans certains cas, des pères qui se sont comportés ainsi ont poussé leurs enfants à se détourner de la foi.

Remplir l'exigence biblique

Le foyer est le premier et le meilleur environnement pour tester les capacités d'un homme à conduire les gens et gérer les problèmes d'une manière sainte. Comment les diacres pourraient-ils aider les anciens à s'occuper des autres et de leurs problèmes s'ils sont incapables de faire face à leurs propres problèmes familiaux? C'est pourquoi un facteur clé quand on évalue l'aptitude d'un futur diacre à effectuer sa tâche est la façon dont il dirige ses enfants. Le processus d'évaluation (1 Ti 3.10) doit donc comporter une évaluation attentive des capacités parentales et d'encadrement du candidat.

Mais juger les compétences de père d'un homme peut être une affaire délicate, et peut même diviser l'Église. Les gens ont des opinions différentes sur ce qui constitue un bon père, et certaines situations ne sont pas évidentes. De plus, les gens ont des philosophies différentes en ce qui concerne l'éducation des enfants. Tous les pères ont leurs faiblesses et leurs défauts. Par conséquent, pour répondre à certaines de ces questions complexes et délicates, l'Église et ses dirigeants doivent se laisser guider par la qualité dominante des versets 2 et 8 de 1 Timothée 3 : « être sans reproche ». Cela leur permettra de faire une juste évaluation des compétences de père d'un candidat.

Diriger sa propre maison

Un diacre doit être un exemple selon Dieu d'un mari, d'un père et d'un gestionnaire de son foyer chrétien, reconnu pour ses compétences éprouvées dans la direction de toute sa maison. Ces exigences d'ordre domestique ne stipulent pas qu'il doit être marié, ou avoir une famille avec un nombre précis d'enfants ou un certain statut social. Paul traite seulement de la situation habituelle d'un futur diacre ayant une femme, des enfants et un foyer. Il affirme qu'un diacre doit être sans reproche sur le plan de sa relation conjugale, de la conduite paternelle de ses enfants et de l'encadrement de son foyer, prouvant ainsi qu'il est capable d'assister les anciens dans la responsabilité qui consiste à prendre soin de l'assemblée.

Il ne faut pas oublier qu'une «maison», à cette époque, incluait souvent non seulement l'épouse et les enfants – la famille nucléaire – mais également des membres de la famille élargie (par exemple une mère veuve ou un père âgé), des serviteurs et, bien souvent aussi, les personnes qui travaillaient dans l'entreprise familiale. Un futur diacre doit démontrer sa capacité à bien gérer ceux qui vivent ou travaillent sous sa direction. Il doit maintenir l'harmonie dans le foyer. Son foyer doit être stable, et non sur le point de s'effondrer en raison d'une mauvaise gestion.

La cellule familiale d'un candidat ne doit pas ressembler aux foyers égoïstes décrits en 1 Timothée 5.3-16, qui ont cessé de prendre soin des membres pauvres ou veufs de leur famille. Au lieu «*[d']*exercer la piété envers leur propre famille» (v. 4), ils ont compté sur l'Église pour subvenir aux besoins de leurs veuves. Paul était dégoûté de leur avarice et leur égoïsme, et les reproches qu'il leur adresse sont très sévères :

> Si quelqu'un n'a pas soin des siens, et principalement de ceux de sa famille, il a renié la foi, et il est pire qu'un infidèle (1 Ti 5.8).

S'il fallait être riche ou bénéficier d'un haut statut social pour accéder à des fonctions publiques dans la société gréco-romaine, les qualifications bibliques pour les anciens et les diacres ne sont pas soumises aux valeurs du monde. Un diacre n'a donc pas besoin d'être riche, de posséder une habitation, ou d'avoir une grande famille. Mais si c'est le cas, il doit être capable de bien gérer ses enfants et sa maison.

Le fait qu'un croyant possède un statut social et la prospérité financière ne fait pas automatiquement de lui un candidat au poste d'ancien ou de diacre. Le talent, le succès, la richesse, la connaissance ou le charisme d'un homme importent peu ; s'il n'est pas le «mari d'une seule femme», s'il ne conduit pas ses enfants selon les instructions de Dieu ou s'il n'est pas capable de gérer sa maison correctement, il ne remplit pas les conditions pour être diacre. Ces critères bibliques de qualification pour les diacres aident à protéger la communauté du Seigneur des personnes riches et influentes qui pourraient penser que leur réussite en dehors de l'Église leur octroie de fait une reconnaissance dans l'Église.

Points clés à retenir

1. Les questions familiales et conjugales sont essentielles à la santé spirituelle de l'Église locale et à son témoignage dans une société hostile qui se méfie de ceux qu'on appelle «chrétiens».

2. La formule «mari d'une seule femme» est une expression typiquement paulinienne pour désigner la fidélité conjugale.

3. Dieu a établi des critères conjugaux irrévocables pour les anciens et les diacres de son Église. S'ils ne sont pas appliqués par l'Église et ses dirigeants, ils sombreront les uns comme les autres rapidement dans le chaos conjugal et l'immoralité sexuelle du monde.

4. La capacité d'un futur diacre à bien diriger ses enfants (quel qu'en soit le nombre) est un prérequis pour accéder au poste de diacre.

5. La capacité d'un futur diacre à bien gérer sa maison démontre qu'il est prêt à assumer ses responsabilités en tant qu'assistant des anciens.

CHAPITRE 9

LES RÉCOMPENSES

– 1 Timothée 3.13 –

Paul était maître dans l'art d'enseigner et de motiver. Puisque ceux qui enseignaient des doctrines hérétiques à Éphèse avaient causé de terribles conflits au sein de l'Église, Paul savait que les anciens et les diacres auraient besoin d'encouragements. Il commence donc le passage de 1 Timothée 3 en assurant aux anciens actuels et futurs que le travail de supervision pastorale est nécessaire, de grande valeur et digne d'éloges. Il affirme la nature honorable de la fonction et de l'œuvre des anciens avec cette « parole certaine » :

Cette parole est certaine : si quelqu'un aspire à la charge d'évêque, il désire une œuvre excellente (1 Ti 3.1).

Il fait de même pour les diacres. Dans 1 Timothée 3.13, il termine la liste des qualifications pour le poste de diacre en assurant à ceux qui remplissent convenablement leur ministère d'assistant qu'ils 1) seront tenus en haute estime par l'Église et 2) obtiendront une plus grande assurance dans leur foi et leur relation avec Jésus-Christ :

car ceux qui remplissent convenablement leur ministère s'acquièrent un rang honorable, et une grande assurance dans la
foi en Jésus-Christ (1 Ti 3.13).

Cela dissipe l'idée que les diacres ont peu d'importance ou
que leurs critères de qualification ne sont pas aussi nécessaires
que ceux des anciens. Une grande récompense attend les diacres
qui remplissent bien leurs fonctions. Tous les diacres doivent
connaître ces encourageantes promesses de récompenses que
Dieu leur fait.

Un service louable

Le passage s'adresse spécifiquement à ceux qui « remplissent
convenablement leur ministère » de diacre. Ici, « remplir un
ministère » ou « remplir un service[1] » (SG21) est utilisé dans un
sens technique pour désigner ceux qui servent en tant qu'assistants. L'adverbe « convenablement » vient préciser que la qualité
du service rendu comme assistant est louable. « Tenir son poste
de façon négligente[2] » n'est pas louable. C'est le service diligent
qui est récompensé. Ainsi, ce ne sont pas nécessairement tous les
diacres, mais seulement ceux qui « remplissent convenablement
leur ministère » qui « s'acquièrent un rang honorable ».

Les diacres qui servent diligemment « acquièrent » ou
obtiennent certains bénéfices. Ils ne reçoivent pas ces bénéfices
au moment où ils entrent dans leur fonction, mais au fil du
temps, en assistant les anciens et en servant le peuple de Dieu.
Les diacres qui « remplissent convenablement leur ministère »
sont consciencieux, responsables et efficaces. Ils travaillent fort
et avec abnégation. Ils prennent des initiatives, mènent à bien

---

1. « Remplir un service », *diakonēsantes*, du verbe *diakoneō* au participe.
2. George W. Knight III, *The Pastoral Epistles: A Commentary on the Greek*, NIGTC,
   Grand Rapids, Eerdmans, 1992, p. 173.

leurs obligations, et ils sont sérieux et compétents dans leur travail. Au cours de ce service fidèle, un diacre obtient une bonne réputation et une foi plus profonde et plus assurée en Jésus-Christ. Comme le commentateur William Mounce l'explique si bien :

> Ce n'est pas tant qu'en étant un bon diacre, une personne va recevoir des récompenses ; c'est dans l'accomplissement même du service qu'elle obtient un rang honorable et une plus grande assurance dans sa foi personnelle. Ces récompenses ne sont pas données au croyant à un moment précis, mais sont plutôt reçues au cours du service lui-même[3].

UN RANG HONORABLE

La première récompense promise est « un rang honorable ». Mais en quoi consiste ce « rang honorable » qu'un diacre consciencieux peut obtenir ? Le mot grec traduit par « rang » (*bathmos*) désigne littéralement une « marche » d'escalier ou le « socle d'un piédestal ». Certains érudits en déduisent que le diacre qui remplit bien son ministère sera promu au rang suivant dans la hiérarchie ecclésiale, c'est-à-dire à la « charge d'évêque ». Mais cette interprétation est peu vraisemblable. Même si un individu s'avère être un diacre exceptionnel pendant des années, et qu'il exécute particulièrement bien son travail, il n'est pas automatiquement promu au poste d'ancien. Pour devenir un ancien, une personne doit être capable d'enseigner et être appelée à cette fonction par l'Esprit Saint (Ac 20.28). Il est donc possible qu'un diacre, et même un diacre exemplaire, ne remplisse jamais les conditions requises pour la « charge d'évêque ».

---

3. William D. Mounce, *Pastoral Epistles*, WBC, Nashville, Tenn., Thomas Nelson, 2000, p. 205.

Le seul but de Paul au verset 13 est d'encourager les diacres dans leur travail, et de «mettre en valeur la fonction, tout comme au verset 1 où il avait mis en valeur la charge d'évêque[4]». Il ne cherche pas à faire passer les diacres d'une fonction à l'autre.

Le «rang» auquel Paul fait référence a trait à la réputation. C'est un rang «honorable», «excellent». Il est donc plus probable que Paul enseigne que le diacre qui s'investit dans son travail obtiendra une bonne réputation, et non pas un meilleur «rang» au sens d'une promotion dans la hiérarchie de la direction de l'Église.

Acquérir un «rang honorable» consiste à être tenu en haute estime par la communauté croyante et à être reconnu et considéré par la famille de l'Église. Il est très probable qu'un «rang honorable» suscitera une influence et une autorité morale accrues dans l'Église. Quel privilège et quelle bénédiction de bénéficier d'un rang honorable au sein du peuple de Dieu!

UNE GRANDE ASSURANCE DANS LA FOI

Le premier avantage à bien assister les anciens est centré sur la réputation du diacre, mais la deuxième récompense est bien plus remarquable. La première récompense se concentre sur le peuple: acquérir un rang honorable aux yeux de la communauté. La deuxième récompense est centrée sur Jésus-Christ: une foi plus profonde en Christ et une relation plus intime avec lui.

Paul promet que ceux qui remplissent convenablement leur ministère de diacre obtiendront «une grande assurance dans la foi en Jésus-Christ.» C'est étonnant de constater que le travail exigeant d'assister les anciens à prendre soin de l'Église de Dieu améliore leur relation avec Jésus-Christ. Cette récompense

---

4. B. B. Warfield, «Some Exegetical Notes on 1 Timothy», *Presbyterian Review* 8, 1887, p. 506.

fournit un puissant encouragement à tous les diacres et à ceux qui aspirent à cette fonction!

«Une grande assurance»

Le mot «assurance» traduit un terme grec important du Nouveau Testament: le nom *parrēsia*[5] (qui signifie «audace», «confiance», «assurance», «courage», «liberté», «franchise»). Dans le cas de 1 Timothée 3.13, le nom *parrēsia* est presque unanimement traduit par «assurance» en français.

L'assurance que les diacres acquièrent est «grande», ce qui implique un degré d'assurance important ou considérable. Tous les diacres possèdent déjà la foi en Jésus-Christ, puisqu'ils sont chrétiens et que, pour devenir diacres, ils doivent «[conserver] le mystère de la foi dans une conscience pure» (1 Ti 3.9). Mais la récompense de leur travail assidu est une augmentation *significative* de leur assurance dans leur foi en Jésus-Christ. La foi en Christ d'un diacre diligent s'accroît, s'approfondit, se renforce et s'enhardit.

«Dans la foi en Jésus-Christ»

Cette grande assurance concerne la foi personnelle du diacre en Jésus-Christ. Les deux locutions prépositives («dans la foi» et «en Jésus-Christ») définissent dans quelle sphère ou quel domaine cette «grande assurance» est active. Il ne s'agit ni d'une

---

5. Paul utilise le nom *parrēsia* huit fois avec les sens possibles suivants: 2 Co 3.12 (grande liberté); 7.4 (grande confiance); Ép 3.12 (liberté); Ép 6.19 (hardiment et librement); Ph 1.20 (pleine assurance); Col 2.15 (publiquement); 1 Ti 3.13 (grande assurance); Phm 8 (toute liberté). Voir aussi Ac 2.29; 4.13,29,31; 28.31 pour l'assurance et la liberté de proclamer le message du salut. Paul utilise la forme verbale *parrēsiazomai* dans Ép 6.20 (parler avec assurance, librement, ouvertement), et dans 1 Th 2.2 (prendre de l'assurance); voir aussi Ac 9.27,28; 13.46; 14.3; 18.26; 19.8; 26.26.

confiance dans un responsable d'Église, dans ses propres aptitudes ou ses connaissances. Ce n'est ni de l'arrogance, de la pré-
somption ou une insolente confiance en soi. C'est plutôt une plus
grande confiance dans sa foi en Christ.

Dans ce passage, le nom « foi » n'est pas utilisé dans le sens
d'un ensemble défini de doctrines chrétiennes ou du contenu de
ce qu'une personne croit (voir 1 Ti 3.9). Il fait plutôt référence à la
foi, la croyance et la confiance personnelles en Christ[6]. Il s'agit de
la confiance personnelle du diacre en Jésus-Christ au quotidien.

Dans la vie chrétienne, la foi est le moyen principal et
fondamental pour maintenir notre relation continuelle avec
Jésus-Christ et avec Dieu. Notre relation avec le Christ est nour-
rie, approfondie et fortifiée par la foi. Par la foi, nous marchons
avec le Christ et nous nous approchons de lui dans une relation
intime. L'affirmation de Paul selon laquelle les diacres acquièrent
« une grande assurance dans la foi en Jésus-Christ » (1 Ti 3.13)
concerne la foi personnelle du diacre « en Jésus-Christ ». Paul
utilise fréquemment cette double désignation, « Jésus-Christ » :
« Christ » renvoie à son titre (le Messie, celui que Dieu a oint), et
« Jésus » à son nom terrestre. La foi du diacre est donc une foi
centrée sur le Christ.

Il est impossible pour un croyant de placer sa confiance en
quelqu'un de plus grand que l'incomparable Dieu fait homme,
Jésus-Christ. Nous pouvons placer toute notre confiance en lui
parce qu'il est entièrement digne de confiance. Sa Parole est la
vérité, et ses promesses sont certaines. Jésus ne déçoit jamais!
Quelle chose merveilleuse que d'obtenir une grande assurance
dans sa foi en Jésus-Christ.

La vie chrétienne commence par la foi en Christ pour le
salut. Mais elle est également vécue à chaque instant par une

---

6. Ce genre de foi personnelle et subjective est mentionné dans 1 Ti 1.5,14,19;
   2.15; 6.12; 2 Ti 3.15.

foi vivante et continuelle en Christ, ce qui implique de croire en ses enseignements et ses promesses tels qu'on les trouve dans l'Écriture. En accomplissant correctement leur ministère, c'est-à-dire en assistant les anciens et en étant au service de la famille de l'Église, les diacres obtiendront une foi plus grande et plus profonde en Christ. Ils verront leur relation personnelle avec le Christ par la foi être renforcée, encouragée et soutenue.

Les diacres qui ont gagné une plus grande assurance dans leur foi en Christ sont des chrétiens plus solides, plus mûrs et plus stables. Ils manifestent un plus grand amour pour le Christ et pour son peuple, ainsi qu'une meilleure compréhension de la Parole de Dieu. Leur engagement envers le Christ et l'Église est plus grand, et ils sacrifient davantage de leur temps et de leur argent. Les diacres pourraient-ils obtenir quoi que ce soit de meilleur qu'une grande assurance dans leur relation personnelle avec Jésus-Christ, de croître et de se rapprocher de leur Seigneur et Sauveur?

Ces paroles sont une merveilleuse conclusion aux instructions bibliques sur les diacres. Combien ces affirmations de Paul ont dû encourager les premiers diacres de l'Église d'Éphèse! De la même manière, elles devraient encourager les diacres de chaque Église et chaque génération.

LES DIACRES ACCOMPLISSENT UN TRAVAIL IMPORTANT ET NÉCESSAIRE

Les diacres apportent une aide importante et nécessaire à l'Église locale et à ses dirigeants. Cela devrait désormais être évident, au regard des preuves présentées dans ce livre et fondées sur une étude attentive de 1 Timothée 3.8-13. Nous nous sommes efforcés d'être de bons Béréens qui examinent en profondeur les Écritures. Cette étude nous a permis de remarquer que:

(1) Les diacres sont toujours associés aux anciens et, tout comme eux, ils occupent un poste officiellement reconnu dans l'Église locale (Ph 1.1 ; 1 Ti 3.8-13).

(2) Les diacres sont soumis aux anciens, comme les termes *episkopos* et *diakonos* eux-mêmes l'indiquent.

(3) Les diacres doivent remplir certains critères bibliques semblables à ceux des anciens pour se qualifier (1 Ti 3.8-10,12).

(4) Les critères de qualification et l'aptitude au poste de diacre doivent être évalués publiquement, comme c'est le cas pour les anciens (1 Ti 3.10).

(5) À la différence des anciens, les diacres n'ont pas à être capables d'enseigner la saine doctrine et de réfuter les faux docteurs (Tit 1.9).

(6) Il n'est pas donné aux diacres une liste précise de leurs responsabilités. Ce sont les anciens qui les déterminent.

(7) En conséquence de leur service assidu, les diacres peuvent acquérir le profond respect de la communauté et voir leur relation de foi en Jésus-Christ grandement renforcée et approfondie.

(8) Les diacres sont des assistants, comme l'indique le mot grec *diakonoi* dans le contexte de 1 Timothée 3.

Ces observations nous conduisent à la conclusion que les diacres sont les assistants officiels des anciens. Ils les aident le plus efficacement lorsqu'ils leur permettent de se consacrer à leurs tâches les plus importantes : nourrir, conduire et protéger le troupeau de Dieu grâce à sa Parole, l'Écriture. Il est évident que le fait d'avoir des aides qualifiés permet aux anciens de mieux prendre soin de l'Église de Dieu, les garde d'un surmenage malsain, et leur donne la liberté de se consacrer plus efficacement à la prière et «au ministère de la parole» (Ac 6.4).

Comme les premiers chrétiens de Bérée, vous devez à présent étudier les preuves bibliques et les arguments de ce livre afin de décider pour vous-mêmes si ce que l'on vous dit est exact (Ac 17.11).

Puisse ce livre contribuer à rendre aux diacres leur but apostolique originel et leur rôle dans l'Église locale.

POINTS CLÉS À RETENIR

1. Les diacres qui accomplissent correctement leur ministère seront tenus en haute estime par la famille de l'Église.

2. Les diacres qui accomplissent correctement leur ministère acquerront une foi plus profonde et une relation plus solide avec leur Seigneur Jésus-Christ.

3. Les diacres qui ont obtenu une plus grande assurance dans leur foi en Jésus-Christ sont des chrétiens plus solides, plus mûrs et plus stables.

LES ÉPOUSES DES DIACRES

S i vous n'avez pas lu le chapitre 7 sur «les femmes», il serait bon que vous le fassiez avant de lire cet appendice. Il dresse la liste des différentes interprétations proposées du mot «femmes» au verset 11 :

- Toutes les femmes chrétiennes de manière générale
- Des femmes diacres (sur le même pied d'égalité que les hommes diacres)
- Des diaconesses (une troisième fonction distincte)
- Des aides ou des assistantes des diacres
- Les épouses des diacres

Bien que l'interprétation «épouses des diacres» soit tombée en désuétude chez la plupart des commentateurs bibliques de nos jours, je pense qu'elle demeure une position solide et valable, qui ne devrait pas être rejetée et considérée comme dépassée. Les partisans de cette thèse pensent que le verset 11 constitue une exigence supplémentaire pour les hommes diacres devant être prise en compte lors de leur évaluation pour le poste.

Qu'on les [*les hommes diacres*] éprouve d'abord, et qu'ils exercent ensuite leur ministère, s'ils sont sans reproche. [*Gynaikas*], de même, doivent être honnêtes, non médisantes, sobres, fidèles en toutes choses (1 Ti 3.10,11).

LES DIACRES SONT LES ASSISTANTS OFFICIELS DES ANCIENS

Au chapitre 3, nous avons vu que *diakonos* était utilisé dans 1 Timothée 3.8-12 au sens d'assistant. *Diakonos* signifie alors «quelqu'un qui accomplit la volonté d'un autre», comme un subordonné exécutant la mission confiée par un supérieur. Cet usage indique également que *le subordonné a toute l'autorité pour exécuter la tâche déléguée par son supérieur*. Ainsi, les diacres, étant titulaires d'une fonction d'assistants des anciens dans l'Église, exercent une autorité et une supervision au sein de la communauté en tant que représentants mandatés par les anciens.

Si nous avons correctement défini l'identité et le rôle des diacres aux chapitres 3 et 4, alors les femmes mentionnées au verset 11 sont très certainement les épouses des assistants des anciens, et non elles-mêmes des assistantes des anciens.

Si ces femmes sont diacres, alors elles occupent très probablement la même fonction que leurs homologues masculins, à savoir *assistants* des anciens. Cette thèse des «femmes diacres à part entière» est l'une des plus répandues et des plus valables des quatre autres thèses sur le mot «femmes» au verset 11. Celle qui soutient qu'il s'agit de femmes chrétiennes de manière générale est presque unanimement rejetée par les érudits, et celle qui considère qu'il s'agit d'aides ou d'assistantes des diacres n'a que peu de défenseurs, mais demeure une interprétation possible. Il reste alors la thèse des diaconesses (une troisième fonction distincte), qui est très populaire, mais bien moins soutenable que celle des femmes diacres à part entière.

1 Timothée 2.9-15

Si les femmes du verset 11 sont des diacres au même titre que les hommes, alors elles deviennent les *assistantes* des anciens. Mais cette idée contredit tout le contexte précédent de 1 Timothée 2.8 à 3.7, et particulièrement le verset 12[1] :

> Je veux aussi que les femmes [*Gynaikas*] [*soient*] vêtues d'une manière décente [...] qu'elles se parent de bonnes œuvres, comme il convient à des femmes qui font profession de servir Dieu. [...] Je ne permets pas à la femme [*gynē*] d'enseigner, ni de prendre de l'autorité sur l'homme; mais elle doit demeurer dans le silence. Car Adam a été formé le premier, Ève ensuite; Adam n'a pas été séduit, mais la femme [*gynē*], séduite, s'est rendue coupable de transgression (1 Ti 2.8-10,12-14).

1 Timothée 2.8-15 fait partie du contexte plus général qui débute au chapitre 2 verset 1 et finit au chapitre 3 verset 16. Les instructions de Paul au sujet de l'interaction entre hommes et femmes lors des réunions d'Église (v. 8-12) sont intimement liées aux instructions sur les anciens et les diacres au chapitre 3.1-13, et elles les régissent.

De plus, la directive de Paul interdisant aux femmes de prendre autorité sur les hommes dans l'Église locale (1 Ti 2.12) est conforme à son enseignement plus général sur les rôles différents que les chrétiens hommes et les femmes tiennent à la

---

1. Pour une étude incontournable de 1 Timothée 2.11-15, voir Andreas J. Köstenberger et Thomas R. Schreiner, *Women in the Church: An Interpretation and Application of 1 Timothy 2:9-15*, 3ᵉ éd., Wheaton, Ill., Crossway, 2016.

maison et dans l'Église locale (1 Co 11.2-16 ; 14.33-38 ; Ép 5.22-33 ; Col 3.18,19 ; Tit 2.4).

Au vu des restrictions explicites de Paul dans 1 Timothée 2.9-15, il est peu probable que les femmes mentionnées dans 1 Timothée 3.11 soient des femmes diacres au sens de collaboratrices placées sur un pied d'égalité avec les hommes assistants des anciens.

La plupart des commentateurs et des dirigeants d'Église attachés à la thèse des femmes diacres ou des diaconesses considèrent que les diacres sont simplement des serviteurs de l'Église ayant reçu l'autorisation de servir l'assemblée de manière particulière. Ils peuvent désigner les diacres par les termes «serviteurs exemplaires» ou «serviteurs-dirigeants». Ces commentateurs affirmeraient que le passage de 1 Timothée 2.12 ne s'applique pas aux femmes diacres ou aux diaconesses puisqu'elles ne prodiguent pas l'enseignement dans l'Église et que, n'étant pas les assistantes officielles des anciens, elles n'exercent pas une autorité sur les hommes.

Mais notre étude a démontré que les diacres sont les assistants officiels des anciens, qu'ils travaillent en étroite collaboration avec eux, et qu'ils sont autorisés par eux à être leurs représentants dans l'Église. *La conception que l'on a de la fonction de diacre est un facteur déterminant dans l'interprétation de qui sont les* gynaikes.

PAS DE TITRE DISTINCTIF

Une autre raison très importante de considérer les femmes du verset 11 comme les épouses des diacres est le choix de Paul d'utiliser le mot *gynaikas* (femmes ou épouses) et non un titre spécifique tel que *femmes diacres* (*gynaikes diakonoi*). Si ces femmes sont des diacres (c'est-à-dire des assistantes), alors les appeler *gynaikes est une manière étrange, ambiguë et même incohérente de désigner des responsables d'Église.*

Paul a, auparavant, donné des noms précis aux deux responsables : *ancien (episkopos)* et *assistants (diakonoi)*. Mais dans le cas des femmes du verset 11, il a choisi le terme générique *gynaikas* (femmes ou épouses) sans le modifier en incluant un mot ou une phrase qui expliquerait clairement leur lien avec les hommes diacres. Patrick Fairbairn, théologien et commentateur écossais, défend la thèse des femmes diacres et reconnaît, en toute honnêteté, que cela est difficile à expliquer :

> Il reste assez étonnant que le terme générique *femmes (gynaikas)* soit utilisé, et non le terme spécifique *diaconesses (tas diakonous)* qui aurait exclu tout doute possible quant à sa signification[2].

Phœbé, une *diakonos*

En Romains 16.1, Paul désigne une femme nommée Phœbé par le terme *diakonos*. La Bible *Segond Nouvelle Édition de Genève 1979* traduit *diakonos* par « diaconesse » : « Je vous recommande Phœbé, notre sœur, qui est diaconesse de l'Église de Cenchrées. »

Si, de façon hypothétique, nous partons du principe que Phœbé était une femme diacre, cela signifie que Paul n'avait pas de réticence à utiliser le terme *diakonos* pour désigner une femme diacre. Donc, si Paul voulait désigner les femmes diacres ou les diaconesses en 1 Timothée 3.11, pourquoi a-t-il utilisé le terme générique et ambigu *gynaikas* et non le mot *diakonous* précédé de l'article au féminin : *tas diakonous* (« une diaconesse »), ou encore l'expression *gynaikas diakonous* (« femmes diacres ») ?

---

2. Patrick Fairbairn, *Pastoral Epistles* [1874], réimpr., Minneapolis, Minn., Klock and Klock, 1976, p. 150.

Diakonoi pour désigner les hommes et les femmes

Dans le grec du Nouveau Testament, il n'existait pas de forme féminine particulière de *diakonos*, telle que *diakonē*. Le nom grec *diakonos*, bien que sa terminaison semble masculine, fait en réalité partie d'un certain nombre de noms de la deuxième déclinaison qui peuvent être à la fois masculins et féminins.

De plus, il n'existait pas de nom grec particulier tel que *diakonissa* (diaconesse) pour désigner des diacres de sexe féminin. La première apparition connue du mot grec *diakonissa* (diaconesse) date de presque 260 ans après la première épître à Timothée.

Puisque la terminaison de *diakonoi* peut être à la fois de genre masculin ou féminin, le terme peut faire référence aussi bien à des femmes qu'à des hommes. Bien que le terme *diakonoi* aux versets 8 et 9 puisse inclure des hommes et des femmes diacres, l'insertion du mot *gynaikas* au verset 11 suggère fortement que Paul ne désigne que des hommes diacres aux versets 8 et 9.

Si les femmes sont diacres au même titre que les hommes, il n'était pas nécessaire que Paul insère le verset 11 qui, selon les partisans de la thèse des femmes diacres, définit des qualités semblables à celles des versets 8 et 9. Toutefois, rien dans les qualités citées au verset 11 n'est propre à un sexe en particulier. Si Paul voulait s'adresser spécifiquement aux femmes diacres, nous aurions pu nous attendre à ce qu'il ajoute des qualités importantes uniquement pour les femmes diacres, telles que «femme d'un seul mari», mais ce n'est pas le cas.

Le choix de Paul d'utiliser les mots *diakonoi* et *gynaikes*

Paul ne peinait pas à trouver des mots ou des titres pour désigner ces femmes, comme certains l'ont suggéré. Il a délibérément et précisément utilisé les termes *diakonoi* et *gynaikes*. Il a désigné les hommes diacres par le terme *diakonoi* dans les versets 8 à 10, de même qu'au verset 12. Entre ces deux occurrences de l'appellation *diakonoi*, Paul a intentionnellement employé le mot *gynaikas* pour désigner les « épouses » des *diakonoi*. Le terme « épouses » est une traduction correcte de *gynaikas*. Il informe immédiatement le lecteur que les personnes visées au verset 11 sont les épouses des diacres.

LE POSITIONNEMENT DU MOT *GYNAIKES*

Un autre argument en faveur de la traduction de *gynaikes* par « épouses » vient du fait que Paul a placé le terme « [*gynaikas*], de même » au milieu de ses instructions concernant les hommes diacres, et non à part, par exemple après le verset 12 :

Les anciens

1 Timothée 3.1,2 : Si quelqu'un [*homme*] aspire à la charge d'évêque, il désire une œuvre excellente. Il faut donc que l'évêque soit irréprochable, mari d'une seule femme.

Les assistants (en partant du principe que les femmes n'en font pas partie)

1 Timothée 3.8,10 : Les diacres [*hommes*] aussi doivent être honnêtes [...] Qu'on les [*les hommes diacres*] éprouve d'abord, et qu'ils exercent ensuite leur ministère, s'ils sont sans reproche.

Gynaikas

1 Timothée 3.11 : [*gynaikas*], de même, doivent être honnêtes, non médisantes, sobres, fidèles en toutes choses.

Retour aux assistants

1 Timothée 3.12 : Les diacres [*hommes*] doivent être maris d'une seule femme, et bien diriger leurs enfants et leur propre maison.

Ce serait étonnant que Paul s'adresse aux hommes diacres dans les versets 8 à 10, puis fasse une digression au verset 11 pour insérer quatre qualités concernant ce que certains supposent être des diaconesses, pour finalement revenir immédiatement aux exigences conjugales et familiales des hommes diacres, comme s'il n'y avait pensé qu'après coup. Il faut toutefois reconnaître que ce genre d'ajout ultérieur n'est pas inédit dans les écrits de Paul (voir 1 Co 1.14-16). Si le verset 11 concerne les épouses des diacres et non des diaconesses, alors le verset 12 n'est pas un ajout tardif ou un retour aux hommes diacres après une digression sur les diaconesses au verset 11.

Selon le verset 10, les futurs diacres doivent être évalués publiquement par l'Église et ses dirigeants, et être trouvés « sans reproche » avant de pouvoir exercer leur ministère d'assistants des anciens. La traduction « leurs épouses, de même » s'enchaîne parfaitement bien avec le verset 10, car elle précise que les épouses des diacres, tout comme leurs maris, doivent être « honnêtes ». Selon cette interprétation, l'épouse d'un candidat au poste de diacre serait donc elle aussi concernée lors de l'évaluation de la réputation du candidat.

L'ABSENCE DE CRITÈRE CONJUGAL
OU FAMILIAL

Un autre argument plaide en faveur de la traduction du mot *gynaikas* par « épouses » et non « diaconesses » : Paul accordait une très grande importance à la réputation de fidélité conjugale. Il est catégorique quand il cite les qualités nécessaires pour le poste d'ancien ou de diacre : ils doivent être reconnus comme étant le genre d'hommes à n'avoir qu'une seule femme. Chaque candidat doit être « mari d'une seule femme ». De plus, Paul demande que même une veuve bénéficiant du soutien de l'Église « ait été femme d'un seul mari » (1 Ti 5.9).

Toutefois, au verset 11, aucune instruction directe telle que « femme d'un seul mari » n'est donnée concernant la situation conjugale des *gynaikes*. On ne retrouve pas de critère conjugal équivalent à celui qui concerne les hommes diacres au verset 12. De plus, il n'est pas fait mention des conditions relatives aux enfants ou à la vie de famille qui s'appliquent aux anciens, aux hommes diacres et aux veuves qui sont à la charge de l'Église. Il est difficile de concevoir que Paul demanderait aux anciens, aux hommes diacres et aux veuves de remplir le critère de fidélité conjugale, mais qu'il ne le fasse pas pour les diaconesses.

Il est purement spéculatif de partir du principe que l'omission de ces qualifications indique que ces femmes diacres, ces diaconesses ou assistantes, étaient des femmes célibataires qui pourvoyaient aux besoins particuliers des femmes dans l'Église. Beaucoup d'affirmations au sujet du travail de ces femmes au verset 11 ne sont rien d'autre que des suppositions. Ce qui est clair, c'est que le texte ne parle que de leurs traits de caractère, et non de leurs fonctions.

Les critères de qualification des diacres (v. 8,9) et ceux des femmes (v. 11)

Certains affirment que les critères de qualification des femmes au verset 11 sont comparables à ceux des hommes diacres aux versets 8 et 9. En fait, certains affirment même que le verset 11 est un « reflet en abrégé de 1 Timothée 3.8,9[3] ». Cela les amène à

---

3. Jennifer H. Stiefel, « Women Deacons in 1 Timothy: A Linguistic and Literary Look at "Women likewise" (1 Tim. 3:11) », *NTS* 41, 1995, p. 450.

penser que les femmes décrites au verset 11 sont les mêmes personnes que les diacres aux versets 8 et 9.

Cependant, les quatre qualités mentionnées au verset 11 concernant les femmes sont à la fois semblables et différentes de celles des hommes diacres aux versets 8 et 9. Le verset 11 ne contient pas de critère qui se rapproche de celui du verset 8 : ne pas être attiré par «un gain sordide». Le prétendu parallèle existant entre les versets 8 et 9 et le verset 11 ne prouve pas que les femmes du verset 11 soient des diaconesses. En fait, les différences et les ressemblances entre les critères de ces versets s'accordent tout aussi bien avec la thèse des «épouses des diacres».

PHŒBÉ, *DIAKONOS* DE L'ÉGLISE

Beaucoup d'étudiants de la Bible pensent que Phœbé constitue un exemple d'une femme diacre.

> Je vous recommande Phœbé, notre sœur, qui est diaconesse [*diakonos*] de l'Église de Cenchrées, afin que vous la receviez en notre Seigneur d'une manière digne des saints, et que vous l'assistiez dans les choses où elle aurait besoin de vous, car elle en a aidé beaucoup ainsi que moi-même (Ro 16.1,2).

Le problème concerne le sens de la phrase «[*diakonos*] de l'Église». Il existe cinq interprétations possibles. Phœbé peut être:

- une femme diacre à part entière de l'Église
- une diaconesse de l'Église
- la pasteure de l'Église
- une servante dans l'Église
- une messagère de l'Église de Cenchrées

Voir aussi, Jamin Hübner, A Case for Female Deacons, Eugene, Oreg., Wipf & Stock, 2015, p. 32.

Personnellement, je défends la position selon laquelle Phœbé était soit une servante remarquable de l'Église, soit une représentante officielle ou une messagère de l'Église de Cenchrées se rendant à Rome.

S'il existait bel et bien des diaconesses dans les premières Églises d'Éphèse et de Cenchrées, il est vraiment surprenant que nous n'ayons aucune trace écrite de ces femmes diacres ou diaconesses et des tâches qui leur étaient assignées, dans la littérature chrétienne post-apostolique, et ce, pendant plus de 150 ans après la mort de Paul. Les premiers textes qui les mentionnent proviennent principalement des Églises d'Orient[4]. De plus, nous ne trouvons toujours aucun indice de la présence de femmes diacres à Rome plusieurs siècles après la lettre de Paul aux Romains[5].

---

4. Il existe une lettre du deuxième siècle, rédigée en latin par Pline le jeune, gouverneur de la Bithynie, et adressée à l'empereur romain Trajan autour de l'an 112 de notre ère. Certains érudits affirment qu'elle prouve qu'il existait bel et bien des femmes diacres au tout début du deuxième siècle. Toutefois, comme c'est le cas dans Romains 16.1, l'identité de ces femmes est incertaine, tout comme le sens de ce qu'elles ont dit lors de leur interrogatoire vigoureux par Pline. Ce que Pline lui-même a compris de la signification que ces esclaves (*ancillae* en latin) accordaient au terme *ministrae* est incertain également.

5. La *Tradition apostolique* est un traité sur les règles ecclésiales, écrit à Rome par Hippolyte entre les années 215 et 220 de notre ère, qui a eu beaucoup d'influence. Il fait la liste de toutes les fonctions ecclésiastiques dans l'Église de Rome. Hippolyte y évoque les évêques, les anciens, les diacres, les sous-diacres, les confesseurs, les veuves, les lecteurs, les vierges, les guérisseurs, mais ne fait pas mention de diaconesses (Geoffrey J. Cuming, *Hippolytus: A Text for Students*, Brancote Notts, Grove Books, 1976, p 8-15). Aimé Georges Martimort écrit à ce propos :

L'ecclésiologie de Saint Hippolyte de Rome exclut simplement l'existence des diaconesses, tout comme le fait l'ecclésiologie que Tertullien a enseignée toute sa vie (*Deaconesses: A Historical Study*, trad. K. D. Whitehead, San Francisco, Ignatius Press, 1982, p. 32).

Objections émises contre la thèse des « épouses des diacres »

Quelle que soit l'interprétation proposée du verset 11, elle fera l'objet de problèmes et de questions déconcertantes. Il nous faut donc répondre aux trois objections fréquemment émises contre la thèse des «épouses des diacres».

1. L'absence de pronom ou d'article devant *gynaikas*

Si Paul voulait désigner les épouses des diacres, pourquoi a-t-il omis le pronom possessif *leurs* (*autōn*) ou l'article défini (*tas*), voire les deux? S'il avait écrit «leurs *gynaikas*» (*tas gynaikas autōn*), nous aurions la certitude que ces femmes sont les épouses des diacres[6]. Cette remarque est justifiée et elle constitue l'objection principale à cette thèse[7].

Comme nous l'avons écrit précédemment, Paul s'adresse aux hommes diacres aux versets 8 à 10. L'expression «[*gynaikas*], de même» vient immédiatement après. Puis Paul s'adresse de nouveau aux hommes diacres, qui doivent être «mari[s] d'une seule femme». Le fait que les *gynaikes* (femmes ou épouses) apparaissent au milieu du passage concernant les hommes diacres (dont la plupart étaient mariés) laisse à penser que *Paul fait référence aux femmes qui sont les plus proches des hommes diacres en matière de relation*, c'est-à-dire leurs «épouses». Le contexte direct des versets 8,

6. La *Bible en français courant* ajoute le mot « leurs » devant *gynaikas*, mais «leurs» ne fait pas partie du texte grec original.
7. Voir en particulier Barry L. Blackburn, « The Identity of the "Women" in 1 Tim. 3:11, » *Essays on Women in Earliest Christianity*, Carroll D. Osburn, éd., vol. 1, Joplin, Missouri, College Press, 1993, p. 308-309. Blackburn considère que l'absence d'article défini ou de pronom possessif est un élément clé contre le fait que les *gynaikas* soient les épouses. Il cite seulement quatre occurrences de *gynē* ou de *gynaikes* sans l'article, mais dans chaque passage, *gynē* est au singulier et le contexte indique clairement qu'il s'agit d'une épouse (Mc 10.2 ; 12.19 ; Lu 18.29 ; 20.28 ; 1 Co 7.11).

10 et 12 sur les hommes diacres ne fait que contribuer à clarifier l'identité des *gynaikes*. Le verset 11 devient alors un critère de qualification supplémentaire requis de la part des hommes diacres: «les épouses, de même, doivent être honnêtes.» Certes, le pronom possessif ou l'article auraient pu s'avérer très utiles, mais ils ne sont pas absolument nécessaires dans ce contexte sur les hommes diacres.

On retrouve un problème similaire lors de l'utilisation du titre *diakonoi* au verset 8. Aucun article défini ou pronom possessif n'est rattaché à *diakonous*. Il est utilisé sans article. Si Paul avait rajouté le pronom possessif «leurs» à *diakonoi*, nous aurions la certitude que les *diakonoi* sont les assistants des anciens. Or, Paul n'a pas ajouté d'article défini, de pronom possessif ou de phrase qualificative telle que «des pauvres» ou «de l'Église». C'est l'association des *diakonoi* avec les anciens, leurs traits de caractère semblables à ceux des anciens et la traduction possible de *diakonoi* par «assistants» qui permettent d'identifier les *diakonoi* comme étant les assistants des anciens.

En conclusion, il est plus facile d'expliquer l'absence du pronom «leurs» que d'expliquer pourquoi Paul a utilisé le terme générique *gynaikas* («femmes» ou «épouses» au verset 11) au lieu d'un terme spécifique tel que *tas diakonous*, ou *gynaikas diakonous* (femmes diacres).

2. Contenu et structure grammaticale du passage

Certains affirment également que le contenu et la structure grammaticale du passage impliquent que les femmes du verset 11 sont titulaires d'un poste, tout comme les diacres. Le verset 11 débute avec l'adverbe «de même» qui est identique en grec à celui du verset 8 traduit par «aussi»: «les diacres aussi doivent être». Les mots «doivent être» aux versets 8 et 11 sont induits du verset 2 par les traducteurs de la Bible, de façon très pertinente, et ils donnent ainsi une unité grammaticale et conceptuelle à tout le passage :

> Verset 2 : Il faut donc que l'évêque soit [*dei... einai*] irréprochable.

> Verset 8 : Les diacres aussi [*doivent être*] honnêtes (« doivent être » est induit du verset 2).

> Verset 11 : Les femmes, de même, [*doivent être*] honnêtes (« doivent être » est induit du verset 2).

Par conséquent, l'adverbe « aussi » en introduction et le fait que les mots « doivent être » aux versets 8 et 11 sont induits du verset 2 indiquent que trois groupes distincts sont concernés. Beaucoup d'étudiants de la Bible en déduisent qu'au verset 11, Paul s'adresse à des femmes titulaires d'un poste. C'est pourquoi, lorsque le terme *gynaikas* apparaît au verset 11, bien qu'il ne soit rattaché à aucun article, phrase ou mot qualificatif, ils affirment que le contexte et la structure grammaticale du passage appuient l'interprétation selon laquelle ces femmes sont titulaires d'un poste, tout comme les diacres.

Clarification de l'usage de l'adverbe « aussi » : l'adverbe d'introduction « aussi » peut se traduire également par « de même » ou « de la même manière ». Il introduit un nouveau groupe distinct de personnes (*gynaikas*, femmes ou épouses) qui sont comparées au groupe précédent, à savoir les hommes *diakonous*. La construction grammaticale du passage autour de cet adverbe, présent aux versets 8 et 11, n'exclut pas nécessairement la thèse des « épouses ». Les femmes mentionnées au verset 11 sont distinctes des hommes diacres (v. 8,9), mais elles leur sont étroitement liées. Elles doivent, tout comme les hommes diacres, être « respectables » (SG21).

L'expression « [*gynaikas*], de même, doivent être » n'implique pas nécessairement que ces femmes (au verset 11) soient *également* titulaires d'un poste dans l'Église au même titre que les diacres (v. 8-10). Il existe d'autres interprétations possibles. Certains pensent par exemple que ces femmes étaient des assistantes qui aidaient les diacres d'une certaine manière sans avoir pour autant de titre officiel, ce qui expliquerait pourquoi elles ne sont pas appelées «diacres»: elles n'avaient pas de titre officiel. Il se peut aussi qu'elles aient été les épouses des diacres et qu'elles assistaient leurs maris dans leur travail[8]. La construction grammaticale du passage (v. 2-12), et plus particulièrement la deuxième occurrence de l'adverbe «de même», peut servir à défendre chacune de ces thèses. La traduction: «les épouses, de même, doivent être» ne va pas à l'encontre de la grammaire ou du contexte. C'est une interprétation légitime, qui ferait partie intégrante de la réputation, des qualités et de l'évaluation des hommes diacres.

3. L'absence de critères de qualification pour les épouses des anciens

Si les épouses des diacres doivent avoir un certain caractère selon Dieu, ces critères ne devraient-ils pas s'appliquer, à plus forte raison, aux épouses des anciens?

Certains affirment que l'absence d'une liste de critères précis de qualification pour les épouses des anciens (aux versets 2 à 7) montre clairement que le verset 11 fait référence à des femmes diacres, des diaconesses ou des assistantes.

À l'inverse, certains commentateurs pensent qu'il n'était pas nécessaire de mentionner les épouses des anciens, mais que les épouses des diacres sont mentionnées parce qu'une partie du rôle de leurs maris consistait à s'occuper des veuves et des pauvres, ce qui exigeait que les épouses soient davantage impliquées pour

---

8. George W. Knight III, *The Pastoral Epistles: A Commentary on the Greek Text*, NIGTC, Grand Rapids, Eerdmans, 1992, p. 170-172.

aider leurs maris dans leur travail. Dans son commentaire sur les épîtres pastorales, George Knight soutient que la meilleure interprétation possible du passage, au vu des données syntaxiques et structurelles complexes, est que les femmes mentionnées au verset 11 sont les épouses des diacres qui aidaient officiellement leurs maris dans la prise en charge des veuves et d'autres femmes démunies dans l'Église[9]. Dans le cas des épouses des anciens, aider leurs maris dans l'essentielle tâche d'enseigner la Parole leur était interdit (1 Ti 2.12). Par conséquent, Paul n'a pas fourni de liste de critères de qualification pour les épouses des anciens.

D'autres suggèrent que les épouses du verset 11 incluent aussi les épouses des anciens. Si l'épouse d'un diacre doit être respectable, nous pouvons en déduire – même si cela n'est pas directement précisé – que l'épouse d'un ancien doit aussi être respectable. Si les épouses des diacres, dont le poste est subordonné à celui des anciens, doivent présenter certains traits de caractère, les mêmes exigences devraient s'appliquer aux épouses des anciens, dont le poste est supérieur hiérarchiquement. Bien entendu, l'épouse d'un ancien doit être respectable et de bonne moralité. Par exemple, elle ne doit pas être médisante ou malveillante sous peine de nuire à la réputation de son mari et à la crédibilité de tout le groupe d'anciens.

Le verset 10 semble faire allusion aux anciens des versets 2 à 7. Il affirme que, de même que les anciens doivent être évalués avant leur entrée en fonction (voir 1 Ti 5.24,25), de même («aussi») les diacres doivent être évalués selon les qualités requises pour le poste (voir le chapitre 6 pour une étude détaillée). Tous les critères de qualification qui s'appliquent aux diacres s'appliquent aussi aux anciens, et la plupart sont semblables à ceux des anciens.

De plus, les anciens doivent être capables de bien diriger leur maison (v. 4-5). Si l'épouse d'un ancien créé des scandales,

---

9. Knight, *Pastoral Epistles*, p. 172.

si son comportement est offensant ou que son caractère présente de sérieux défauts, alors la maison de cet ancien n'est pas « irréprochable ». Bien que les épouses des anciens ne soient pas mentionnées dans les versets 2 à 7, *toute évaluation sérieuse des qualités d'un candidat au poste d'ancien comportera une évaluation de son épouse et de ses enfants, à qui sa réputation est intimement liée.* Nous devrions en déduire que tout ce qui est attendu de l'épouse d'un diacre l'est aussi de l'épouse d'un ancien.

Un autre facteur à prendre en considération est que de faux docteurs avaient réussi à influencer une certaine partie des femmes de l'Église (1 Ti 5.6,11-15 ; 2 Ti 3.5-7). Cette situation alarmante a pu pousser Paul à évoquer les épouses des diacres. Leur caractère selon Dieu et leur réputation de piété étaient essentiels à la réputation publique et l'œuvre des diacres. Elles devaient donc être raisonnables, respectables et dignes de confiance en toutes choses. On s'attendait certainement à ce que ces qualités soient présentes chez les épouses des anciens, mais peut-être ces traits de caractère avaient-ils été négligés dans le cas des aptitudes des diacres pour leur poste. Paul avait l'intention qu'on s'en souvienne.

Que l'épouse d'un ancien ait un caractère pieux peut être sous-entendu par la qualité générique « irréprochable » et par la logique du verset 5 : « car si quelqu'un [*un ancien*] ne sait pas diriger sa propre maison, comment prendra-t-il soin de l'Église de Dieu ? » Cependant, dans le cas d'un diacre, il est possible qu'une telle exigence n'ait pas été déduite. Paul voulait affirmer clairement que les diacres, en tant qu'assistants des anciens, devaient être mariés à une femme de bonne moralité.

Ainsi, lors du processus d'évaluation d'un diacre (1 Ti 3.10), la réputation de son épouse doit aussi être prise en compte. Le fait que l'épouse d'un diacre doit être respectable renforce l'importance de la fonction et de l'œuvre des diacres. J'en conclus que *la réputation des épouses des anciens, tout comme celle des épouses des diacres, doit être prise en compte dans le processus d'évaluation. En fait, c'est ce qui est fait, dans la pratique, dans toute Église responsable.*

Quelle que soit la raison de l'absence de critères précis pour les épouses des anciens (nous ne la saurons peut-être jamais), cette omission ne représente pas un argument déterminant à l'encontre de la thèse selon laquelle les femmes mentionnées au verset 11 sont les épouses des diacres.

CONCLUSION

Comme c'est le cas pour tout passage difficile de l'Écriture, les arguments pour les différentes interprétations font l'objet d'un débat interminable. Il n'y a pas d'élément grammatical concluant qui permet de définir l'identité de ces femmes. D'ailleurs, certains commentateurs pensent que l'absence d'information et l'ambiguïté de la langue nous empêchent – ou devraient nous garder – de les identifier. Il est certain que les difficultés ne nous permettent pas d'être catégoriques.

D'un autre côté, en essayant d'assembler les diverses pièces de ce casse-tête textuel, j'en conclus que la traduction «épouses» permet à la plupart des pièces de s'ajuster au mieux, parce qu'elle est l'interprétation la plus simple et la plus naturelle, ainsi que celle qui fait le moins appel à des suppositions. Les diacres sont les assistants des anciens, et les femmes du verset 11 sont leurs épouses, qui doivent, elles aussi, être «respectables.»

Comme nous l'avons vu au chapitre 7, que ce passage s'adresse aux épouses des diacres, à des femmes diacres, des diaconesses ou des assistantes, la Bible invite toutes les femmes chrétiennes à s'engager activement dans «l'œuvre du ministère et de l'édification du corps de Christ» (Ép 4.12).

REMERCIEMENTS

Les amis chrétiens sont un cadeau extraordinaire de Dieu. Je suis particulièrement béni d'avoir beaucoup d'amis talentueux qui m'ont aidé dans la rédaction de ce livre.

Tous mes livres sont le fruit d'une collaboration. Je ne fais rien sans consulter plusieurs de mes frères et sœurs, et sans puiser dans la richesse des commentaires bibliques. Comme le dit l'Écriture, nous avons besoin d'être «fortifiés» pour que «*[nous puissions]* comprendre *avec tous les saints* quelle est la largeur, la longueur, la profondeur et la hauteur, et connaître l'amour de Christ, qui surpasse toute connaissance» (Ép 3.18; italiques pour souligner). C'est «avec tous les saints» que j'ai écrit ce livre.

Je remercie chaleureusement les chers amis qui m'ont accompagné dès le début de ce projet. Je suis redevable envers Rick Carmickle pour son aide dans le long processus d'élaboration de ce livre. Mes remerciements vont tout particulièrement à Dick et Anne Swartley, qui ont passé d'innombrables heures à lire, corriger et réviser ce livre. J'adresse toute ma gratitude à Jay Brady, qui m'a aidé à chaque étape de la rédaction de ce livre. Sans l'aide de ma talentueuse assistante administrative, Lisa Corbett, je serais encore en train d'écrire ce livre. Je lui suis reconnaissant pour son travail de vérification des sources et des citations, de recherche de données pour les notes de bas de page, et tant d'autres tâches encore. Tous mes remerciements vont aussi à Amanda Sorensen et Allan Sholes pour leur travail éditorial final. J'ai demandé à de nombreux érudits d'évaluer le travail d'exégèse, les arguments et les interprétations présentés dans ce livre. Ils ont largement contribué aux aspects techniques de ce travail. Merci à Michael Harris d'avoir vérifié mes citations des auteurs post-apostoliques, à Jack Fish pour son expertise en ce qui a trait au grec, à Clarence D. «Jimmy» Agan III pour son travail très instructif sur le groupe de mots en *diakon*-, et à Robert P. Gordon et Phil Faris pour leurs nombreuses suggestions et recommandations.

Je remercie chaleureusement tous ceux qui m'ont aidé en lisant les manuscrits et en m'apportant leurs commentaires. Vous vous reconnaîtrez.

Comme toujours, j'adresse ma plus profonde reconnaissance à ma tendre épouse Marilyn, ma partenaire principale dans la vie et dans l'œuvre du Seigneur.

INDEX DES AUTEURS

INDEX DES RÉFÉRENCES BIBLIQUES

INDEX DES SUJETS

PUBLICATIONS CHRÉTIENNES

Publications Chrétiennes est une maison d'édition évangélique qui publie et diffuse des livres pour aider l'Église dans sa mission parmi les francophones. Ses livres encouragent la croissance spirituelle en Jésus-Christ, en présentant la Parole de Dieu dans toute sa richesse, ainsi qu'en démontrant la pertinence du message de l'Évangile pour notre culture contemporaine.

Nos livres sont publiés sous six différentes marques éditoriales qui nous permettent d'accomplir notre mission :

ÉDITIONS IMPACT   **IMPACT HÉRITAGE**   **IMPACT ACADÉMIA**

éditions cruciforme   **La Rochelle**   **EUROPRESSE**

Nous tenons également un blogue qui offre des ressources gratuites dans le but d'encourager les chrétiens francophones du monde entier à approfondir leur relation avec Dieu et à rester centrés sur l'Évangile.

REVENIR À L'ÉVANGILE

reveniralevangile.com

www.ingramcontent.com/pod-product-compliance
Lightning Source LLC
Chambersburg PA
CBHW071338090426
42738CB00012B/2935